古川愛哲

江戸の歴史は隠れキリシタンによって作られた

JN264797

講談社+α《プラスアルファ》新書

はじめに――江戸文化も武士道も隠れキリシタンの産物である

「戦国合戦図屏風《せんごくかっせんずびょうぶ》」と呼ばれるものがある。これは関ヶ原合戦や大坂の陣など、合戦の模様を屏風にしたものだ。

この合戦図屏風を見て、筆者は不審を抱いた覚えがある。「関ヶ原合戦図屏風」を見ていると、石田《いしだ》三成《みつなり》の陣に十字架の模様をつけた旗指物《はたさしもの》が林立している。これはキリシタン大名の陣だからである。

ところが、それを攻める東軍の陣の旗を見ると、林立する旗指物に何の模様も入っていないものがある。よく見ると胡粉《ごふん》で白く塗りつぶされているではないか。関ヶ原合戦や大坂の陣の軍勢の配置は記録されており、その記録と照らし合わせると、東軍にもキリシタン大名が十数家参戦しているが、その旗の十字架が塗りつぶされているのだ。

そこで筆者は大阪歴史博物館に赴《おもむ》き、現物を見て、明らかに胡粉で塗りつぶされているのを確認したのだが、このような塗りつぶしは、江戸時代の「キリシタン禁制」のなせる業《わざ》としか思えない。

キリシタン大名以外は家紋を旗指物に明瞭《めいりょう》に書き込んであるが、キリシタン大名や同有力武士は家紋を胡粉で白く塗りつぶしたのである。

それほど厳しいキリシタン禁制が江戸時代にはあり、幾千幾万に上る人々が殉教《じゅんきょう》したが、小著では触れることはしない。それはすでに多くの本で語られているからである。

小著では、むしろ、殉教をしなかった人々、それでもキリシタン信仰を続けた人々について考えてみる。世にいう「隠れキリシタン」である。これらの人々はつとに九州地方が有名ではあるが、江戸（現在の東京）はもとより、関東地方、それどころか全国に散らばっていた。

江戸や鎌倉、関東はもとより、北は東北、西は中部、東国一円の古い寺社を訪れると、隠れキリシタンの地蔵や礼拝物、墓石に遭遇する。西日本ではもっと多くなる。

江戸時代を語るにしても、隠れキリシタンはしばしば無視される。たとえ語られても、隠れキリシタンは特殊な存在のように考えられ、「伴天連《ばてれん》の妖術」「邪宗門《じゃしゅうもん》」などという言葉で十把一絡《じっぱひとから》げにされてしまう。

時代劇に至っては、正義の味方が「切支丹《きりしたん》狩り」をする話などが臆面もなく登場し、受け手も何の疑問も抱きはしない。そして、専門書となると、ポルトガル、スペインと日本の政治的な問題として、キリシタンを論じるばかりだ。

また、イエズス会の宣教師が火薬と武器を提供して、織田信長《おだのぶなが》を天下人にし、信長が神のごときふるまいに転じたので「本能寺の変」で殺させた——そのような説が日本史の世界では最新の学説とされることさえある。

小著は、そのような視点からではなく、隠れキリシタンの暮らす江戸時代の姿を見ようと試みたものである。あくまでも江戸時代に与えたキリスト教の影響と、時代劇では悪役で、史学からは避けられる、隠れキリシタンの世界とはどんなものだったかを。

その視点で見ていくと、多くの事柄が分かってくる。江戸文化と思われているものの多くが、隠れキリシタンの産物であること。あるいは、稲荷《いなり》、天神《てんじん》、子安観音《こやすかんのん》のお参り、巡礼の寺も、隠れキリシタンの礼拝所だったという驚くべき史実——。

そもそも江戸の武士道と文化は、隠れキリシタンを無視して語ることができるものではない。筆者はクリスチャンではないが、江戸と明治の良質な人々の多くは、クリスチャンだったと思っている。その人々に思いを馳《は》せずに江戸を語っては、隠れキリシタンはあまりにも浮かばれないのではないか。私たちが江戸時代を見ようとするとき、足元に隠れキリシタンが無言のうちに佇《たたず》んでいるのである。

あらかじめお断りしておきたいのは、隠れキリシタンは、浅学《せんがく》な筆者にはとらえがたい部分も多くあったということである。そのため、推論・仮説を提示しているが、ご批判、ご吟《ぎん》味《み》をいただければ幸いである。

このささやかな試みは、筆者が二十年以上も抱えていた問題であった。何かというと偶然にも隠れキリシタンゆかりの遺物や人と出会うからだ。

小著のきっかけは、横浜《よこはま》の中山有美《なかやまゆうみ》さんと出会ったことにある。隠れキリシタンの仙台藩士だった作家の窪田明治《くぼためいじ》氏のお孫さんで、多くの史料を提供してくださった。

また昭和初年まで隠れキリシタンの地だった大阪府茨木《いばらき》市にある、茨木市立キリシタン遺《い》物史料館《ぶつしりようかん》や堺への旅に招待してくれたのは、私の長兄正臣《まさおみ》であった。尾道《おのみち》市の岡本早苗《おかもとさなえ》さんと上田《うえだ》市の宮入幸二《みやいりこうじ》さんは、地域情報の確認において、協力をしていただいた。

関東一円の隠れキリシタン遺跡を巡るために車のハンドルを握ってくれたのは妻の敏子《としこ》であり、義父の故・宮島茂夫《みやじましげお》は、長崎のキリシタン殉教についての詳細なガイドブックと資料を残してくれた。

突然の訪問にもかかわらず快く応対してくださった大阪市北区の南蛮《なんばん》文化館の館長ご夫妻、神奈川県大磯町《おおいそまち》のエリザベス・サンダースホーム沢田美喜《さわだみき》記念館の鯛茂《たいしげる》館長を始めとする、多くの方々からの熱意あふれるご教示とご協力に、心より御礼を申し上げたい。

このささやかにして実験的な本の出版の勇断を下していただいた講談社の間渕隆《まぶちたかし》さん、煩《はん》雑《ざっ》極まる構成に当たってくださったスタジオ・ジップの川崎敦文《かわさきあつふみ》さんに深甚《しんじん》なる謝意を捧げたい。

さらに書籍は、文化の継承でもあり、参考にさせていただいた先学の人々の研究と努力がなければ不可能である。巻末にて参考文献の著者の皆様に敬意を表させていただいた。

そして何より、江戸の隠れキリシタンに興味を持ってくださった読者の皆様には、敬意の言葉も思いつかないほどである。

二〇〇九年九月

古川愛哲《ふるかわあいてつ》

目次◉江戸の歴史は隠れキリシタンによって作られた

第二章　信長・秀吉とキリシタン

第三章　徳川家康とキリシタン

第一章　茶の湯・歌舞伎とキリシタン

遠山金四郎隠れキリシタン説

ご存じ江戸町奉行、遠山金四郎《とおやまきんしろう》の名場面がある。お白州《しらす》の場で、自白しない容疑者に向かい、御奉行様の遠山金四郎がツイと立ち上がり、片肌脱いで、

「この桜吹雪に覚えがねえか」

と文身《ほりもの》を見せて見得を切る。テレビ、映画でお馴染みの場面なのだが、驚いたことに遠山金四郎が文身を隠すため、普段はボタンのついた襦袢《じゅばん》を着ているシリーズがあった。

もちろん、この時代にもボタン付きの襦袢はあったのだから、不思議ではない。ところが遠山金四郎の文身を見た者がおらず、

「腕に女の生首が恋文を口にくわえた凄みのあるもの」

と江戸の随筆にはある。それとて伝聞だからハッキリしないので、本当に文身を入れていたかどうかさえ不明である。

ここで「文身」と書いたが、刺青《いれずみ》は罪人が入れるもので、肌に飾りで刺すのは「ほりもの」である。

それほど隠していたのだから、裃《かみしも》の下にボタン付きの襦袢を着たくなるのも分からなくもない。ただ、そうなると遠山金四郎は、隠れキリシタンだったことになる。

ボタンのついた襦袢を着て、絶対に他人に肌を見せないのが江戸の隠れキリシタンの特徴である。これは明治初年まで極秘にされていた。

　幕末の九州・天草《あまくさ》の漁師の回想録だが、漁師の舟には隠れキリシタンも乗っていた。その姿について仲間の漁師が次のように証言している。

「そりやあキリシタンもいたよ。とっても真面目でいいやつだった。人と違うところといえば、どんなに暑くても裸にはならず、必ず襦袢を着て、時々何やらお祈りをしていたなぁ。踏み絵なんていっても、みんな見てみないふりをしてたもんだ」（石牟《いしむ》礼《れ》道子《みちこ》著『西南役伝説』　朝日新聞社　一九八八）。

　このようなことを考えると、テレビの時代劇の襦袢を着込んだ遠山金四郎が、隠れキリシタンに見えてきてもおかしくはない。天保《てんぽう》の改革で芝居小屋の閉鎖に大反対して、洋学禁止派の鳥居《とりい》甲斐守《かいのかみ》と対立したのだから、その可能性は皆無といえない。

　しかし、いくら江戸時代も後半とはいえ隠れキリシタンの旗本が奉行になることはなかっただろう。それほど幕府の人事は甘くはなかったと思う。

　この時代考証一つとっても隠れキリシタンというものは、江戸時代の情景からはまったく誤解されるか、無視されているのである。

大岡裁きとキリシタンの関係

もう一人、江戸の名町奉行で知られるのは大岡越前守忠相《おおおかえちぜんのかみただすけ》である。その名奉行ぶりは『大岡政談』として知られ、長短九十編ほどの話が歌舞伎や講談、人情話、浪花節《なにわぶし》などで語られた。その一つに「実親《じつおや》裁き」、あるいは「娘の手を引くの件《けん》」と呼ばれる裁きがある。テレビ時代劇でお馴染みなので、ご存じの方も多いと思うが、概略をご紹介しておこう。

大身の旗本の家に双子が生まれて、その一人を養子に出すが、残したほうの子が夭逝《ようせい》してしまう。そこで旗本は、養子に出した子を嫡子にするため養父母の手から奪い返そうとする。養父母の嘆きを知った大岡越前守は、理詰めで旗本夫婦の仕業《しわざ》を町方の誘拐事件にして自ら裁くことにした。

養父母と旗本夫婦を白州に呼び出し対決させる。幼い子供の手を左右から養母と旗本の奥方に引かせて、子供が引かれたほうが実母だという。

養母と奥方から両手を引っ張られた幼い子は、その痛みでワッと泣きだす。これで養母は、「ハッ」として手を離してしまうが、旗本の奥方は鬼の形相で子供の手を引き続ける。

これを見た大岡越前守は、

「あいや、それまで!」

子供をかばって手を離した養母を実の母とし、鬼のごとき形相で子供の手を引き続けた旗本の奥方を叱《しか》りつける。この「実親裁き」は、江戸時代から大岡越前守の人情味豊かな名奉行ぶりとして語られてきた。

ところが、この話は『旧約聖書』の「列王記《れつおうき》」中の「ソロモン王の裁き」と同じである。なぜ聖書の話が『大岡政談』に紛れ込んだのか。

説は二つある。この事実を最初に発表した法制史家の尾佐竹猛《おさたけたけき》（一八八〇〜一九四六）は、漢訳『聖書』から取り込まれたという説を唱えた。その後、歴史家の木村毅《きむらき》は『旧約聖書』の「ソロモン王の裁き」がキリシタンによって、直接『大岡政談』に取り込まれたとの見解を公《おおやけ》にした。その根拠は、永禄《えいろく》三年（一五六〇）、イエズス会の宣教師がクリスマスに「ソロモン王の裁判劇」を上演しているからである。これをキリシタンが伝承して『大岡政談』に入ったとするのである。

そもそも『大岡政談』の多くは、幕府初期の京都所司代でキリシタンの擁護者でもあった板倉勝重《いたくらかつしげ》、重宗《しげむね》親子の裁判説話集の『板倉政要《せいよう》』や、大坂町奉行を務めた元キリシタン大名で旗本の能勢《のせ》頼寛《よりひろ》などの事跡から寄せ集めたものが多い。

大岡越前守が実際に裁いたのは、『大岡政談』中の「白子屋お熊」の一件にすぎない。有名な「天一坊事件」は伊奈半左衛門《いなはんざえもん》が調べ、勘定奉行の稲生正武《いのうまさたけ》が裁いたので、大岡越前守とは関係がない。

ここで注目すべきことは、人情の機微を知り尽くして、正義を貫く大岡越前守の『大岡政談』のなかに『聖書』のみならず、キリシタンの理解者だった板倉勝重や能勢頼寛の事跡があるということである。それを江戸っ子は理想的な裁きとして喝采《かっさい》した。

ひと口に「江戸時代」というが、その二百六十四年の泰平と繁栄の陰には、キリシタンや隠れキリシタンの思想が基調音のように低く静かに流れている。

これを知らずして江戸を語ることが、多すぎるのではあるまいか。

近松心中と殉教の共通点

近松門左衛門《ちかまつもんざえもん》を知らない人はいない。江戸の男女の袖を濡らした心中劇の作者である。この近松が驚くことに、正真正銘の隠れキリシタンだった。

近松は現実の心中に取材したが、この「日本初の恋愛劇作家」は心中の方法を変えて描いた。現実の心中事件は、男女の自殺に過ぎないが、近松は互いに刺し違える壮絶な死に方に変えている。キリスト教で「自殺」は禁止されているからである。金と義理と人情と恋に追い詰められた男女は、壮絶な刺し違えをして「恋の殉教《じゅんきょう》」を遂《と》げる。これは隠れキリシタン作家ならではの劇化だった。

近松門左衛門の経歴を事典類で引くと、

「近松門左衛門（一六五三〜一七二四）。江戸前期の浄瑠璃《じょうるり》・歌舞伎作者。福井生まれ。越《えち》前吉江《ぜんよしえ》藩士《はんし》杉森信義《すぎもりのぶよし》の次男。母は藩医岡本為竹《おかもといちく》の娘。本名信盛《のぶもり》また、作左衛門《さくざえもん》。幼名次郎《じろ》吉《きち》、通称平馬《へいま》。平安堂《へいあんどう》・巣林子《そうりんし》・不移山人《ふいさんじん》と号す。父が浪人して一六六四—七一（寛文四—一一）頃上洛《じょうらく》し、一条恵観《いちじょうけいかん》（昭良《あきよし》）他に出仕、このころ宇治加賀掾《うじかがのじょう》に接したと推定される」

（岩波日本史辞典）

などと記述されている。しかし、これではよく分からない。

越前吉江藩は一六四五年に越前松平家の支藩として誕生しているので、藩ができるとすぐ近松の父は浪人したことになる。理由も定かではなく、越前福井藩全体のなかでも杉森信義という人名は記録されていない。なぜ近松を名乗ったのかも判然としない。これら事典類が典拠にしていたのは越前松平家の系図だが、これは明治になって加筆されたものである。

かたや山口県下関市《しものせき》豊田町《とよたちょう》には、近松門左衛門誕生の地の碑《ひ》があり、同地の椙杜《すぎのもり》家で生まれたという根強い伝承がある。近松の曾孫《ひまご》が江戸の柳島《やなぎしま》の妙見菩薩境内《みょうけんぼさつけいだい》に建てた石碑にも「長州藩浪人」だったと記されている（現存せず）。

この謎に挑戦したのが宮原英一《みやはらえいいち》氏の『近松門左衛門の謎』（関西書院　一九九四）である。全国の近松ゆかりの地を歩き回り、複数ある系図を詳細に検討して、これまでの近松門左衛門の出生地から本姓までが間違っていたことを論証した。詳細は同書に譲るとして結論を書く。

近松門左衛門は、母方である毛利《もうり》家の家老、椙杜氏の家に生まれた。ただし、不義の子なので、毛利元鎮《もとしげ》の家老である松村伝之進の妻を養母として育った。

毛利元鎮はフランシスコの洗礼名を持つキリシタンで、その家老の松村伝之進夫妻もキリシタンだった。すでに世は「切支丹禁令《きりしたんきんれい》」も久しく、慈悲を旨《むね》とする隠れキリシタンは長門《ながと》の山林のなかで密かに祈りを捧げながら、幼い近松を育てた。

門左衛門の名前に仕込まれた秘密

成長するにおよんで近松門左衛門は、近所の僧のつてで、学問のため唐津《からつ》の寺院の門をくぐった。唐津の寺院とは、キリシタン大名、毛利秀包《ひでかね》（元鎮の父）の信仰の友で、島原・天草の乱の責任を負って自刃《じじん》した天草領主、寺沢堅高《てらさわかたたか》の菩提寺《ぼだいじ》である。唐津の「近松寺《きんしょうじ》」という。

この近松寺が近松門左衛門の筆名「近松」となる。

近松の門左衛門の「門」という名が混乱の原因ともなった。しかしこれは、松平長門守《まつだいらながとのかみ》の「長門」に由来する。

江戸時代の毛利家は、越前松平家から嫁が入ったのでその一門として松平長門守を名乗らされた。江戸時代の諸国地図を見れば、長州は「松平長門守」で、毛利の名はない。こういった事情が混乱を招き、明治になって近松門左衛門は越前藩浪人の子とされたのだが、それを予測したかのように近松は「門」左衛門を名乗ったという。

近松門左衛門の号（本名のほかに用いる名）には「巣林子」というのもある。近松を育ててくれたキリシタン信仰の祖《そ》、大友宗麟《おおともそうりん》の「ソウリン」に通じる。同時にキリシタン禁制下、「林のなかの巣（聖堂）で隠れて祈る子」の意味を含んでいるともいう。「平安寺「平安堂」の号も近松は使用した。祖母方が毛利家の末裔《まつえい》なので、毛利の菩提寺「平安寺（現・天樹院《てんじゅいん》）」に由来する。

キリシタンの信仰と思想によって育った近松門左衛門は、禁教下のキリシタンの悲惨な殉教の運命を知り尽くしていたに違いない。とくに寺沢氏は悲惨である。戦国時代の武将、アゴスティーニュ寺沢広高《ひろたか》はキリシタンでありながら、その子の堅高は、天草のキリシタンを迫害。そのために天草・島原の乱を誘発させて、幕府から自刃を命じられた。

その矛盾《むじゅん》した苦しみに苦悩した寺沢氏の菩提寺を筆名に選んだ近松門左衛門は、キリシタン信仰に無縁であったはずはない。

やがて近松は、京で雑掌《ざつしょう》として一条恵観とその兄の後水尾帝《ごみずのおてい》にも仕え、とくに後水尾帝からは和歌を賜《たまわ》っている。

宮原氏は触れていないが、一条恵観の兄である後水尾天皇の后《きさき》と母が早くにイエズス会の説教を聞きに京の教会を訪れたことを、イエズス会のルイス・フロイスが記録している。このように戯曲を書く前の近松は、キリシタンゆかりの人々に囲まれて成長をしたことになる。おのずから近松門左衛門の精神は、隠れキリシタンによって形成された。

近松の書いた作劇術には、芸の面白さは虚と実との境の微妙なところにあると唱える「虚《きょ》実《じつ》皮《ひ》膜《まく》論《ろん》」がある。「虚実」なる語は、日本人修道士ハビアンが布教のために書いた『妙《みょう》貞《てい》問《もん》答《どう》』の下巻に出てくる。

あえていえば近松門左衛門は隠れキリシタンだからこそ心中事件に注目した。惚れた相手と来世（天国）で結ばれる。それを壮絶な「恋の殉教劇」に仕立てることができた。

江戸時代の夫婦は「義理」の関係で、「恋愛」は遊廓で客と遊女がするものだった。この矛盾、「義理」と「恋」の板挟みに着目するのは「汝《なんじ》、姦淫《かんいん》するなかれ」の敬虔《けいけん》なキリスト教徒でなくては不可能だったに違いない。

その後、義理一辺倒だった江戸時代の夫婦の関係に「恋女房」や「愛」が入ってくるのは、隠れキリシタン近松の作品の力にあずかるところ大である。

陽明学者、中江藤樹のルーツ

江戸時代の隠れキリシタンの存在は、歴史学者から冷淡に扱われがちだ。多くの隠れキリシタンの記録が抹消されているので無理もない。有名な江戸時代の「学者」でもキリシタンがかかわってくると、驚くほど記録が削られて曖昧《あいまい》となる。その代表格が朱子学の総帥、林《はやし》羅山《らざん》から「切支丹臭がする」と嫌忌された中江《なかえ》藤樹《とうじゅ》である。

中江藤樹は「近江《おうみ》聖人《せいじん》」の尊称で知られる陽明学者だが、試みに『世界大百科事典』（平凡社　一九九九年）で「中江藤樹」の項目を見ると、その生い立ちの記述に異様なものを見ることができる。引用してみよう。

「中江藤樹　慶長《けいちょう》十三（一六〇八）～慶安《けいあん》元年（一六四八）。江戸初期の儒学者。日本における陽明学派の始祖とされる。名は原《はじめ》、字《あざな》は惟命《これなが》、通称は与《よ》右衛《え》門《もん》。藤樹は号、別号は嘿《もく》軒《けん》、顧軒《こけん》。祖父吉長《よしなが》は伯耆国《ほうきのくに》米子《よなご》藩主《はんしゅ》加藤貞泰《かとうさだやす》の家臣。父吉次《よしつぐ》は近江国高島郡《たかしまぐん》小川村《おがわむら》で農業に従い、北川氏を妻とし一男一女をもうける。藤樹はその長男。九歳で祖父に引き取られ、翌年加藤家の転封《てんぽう》にともない、伊予国大洲《いよのくにおおず》に移住した。十七歳で《四書大全》を読み、朱子学に傾倒していく。十九歳のとき郡奉行として在職。二十七歳のとき老母を養うことを理由に、藩の許しを待たずに致仕し、近江に帰る。酒を売り米を貸して生計を立てたという」

祖父の中江吉長は通称を徳左衛門《とくざえもん》といい、鎖鎌の名手で加藤光泰《かとうみつやす》の家臣である。主家加藤家とともに豊臣秀吉《とよとみひでよし》に仕えたが、関ヶ原合戦の際、徳左衛門の息子である徳右衛門《とくえもん》吉次は、武士を辞めて、近江に土着してしまったらしい。「らしい」というのも、徳右衛門吉次は藤樹の父だが、その記録は皆無に等しいからである。

藤樹は祖父の徳左衛門に育てられた。藤樹の父については、藤樹の三男が仕官の際、岡山の池田家に提出した謹書《きんしょ》に、

「祖父（藤樹父）徳右衛門と申すもの、牢人《ろうにん》にて江州在所《ごうしゅうざいしょ》へ引き籠《こ》もり居り申し……」

とあるのが唯一の消息にすぎない。しかも藤樹の父が牢人した理由は記していない。おそらくキリシタンとなり、武士に嫌気がさしたと思える。そうでなければ、これほど記録がないのも珍しい。藤樹は母について著書のなかで触れているが、『藤樹先生全集』増補再刊版五冊（一九四〇）でも、父に触れた記述はない。

中江藤樹は、祖父の下《もと》で育ち、大洲（愛媛県大洲市）六万石の加藤家の家臣として儒学を学んだ。大洲には元和《げんな》七年（一六二一）と寛永《かんえい》元年（一六二四）にイエズス会のイタリア人宣教師ポルロが伝道に入り、多くの信者を増やしている。すでに隠れキリシタンの時代である。キリスト教が家臣のあいだでも話題になったはずだが、中江藤樹は徹底して儒学派だったようで、大洲藩の同僚からは、「孔子様」とあだ名されたほどである。キリシタンが何を

弁じても、藤樹は儒学で解釈したらしい。

　ところがイエズス会宣教師でフランスの日本史研究家、レオン・パジェスの『日本切支丹宗門史（下巻）』（クリセル神父校閲　吉田小五郎《よしだこごろう》訳　岩波書店　一九四〇）の寛永三年（一六二六）の項に興味深い記事がある。要約してみよう。

「四国《しこく》（大洲）には、一人の異教徒がいて、彼は支那《しな》の哲学とイエズス・キリストの教は同じだと信じ、随分前から、支那の賢人の道を守ってきたのであった。彼は、一修道士に会って、己が誤を知り、聖なる洗礼を受け、爾来《じらい》優れたキリシタンとして暮らした」

　この儒学とキリスト教同一説を唱えながらも、儒学の道から外れて洗礼を受けた人物の名は書かれていないが、若き日の大洲藩士、当時二十一歳の中江藤樹を彷彿《ほうふつ》とさせる。洗礼を受けてキリシタンとなったと思われる前後、藤樹には新しい弟子ができたが、四歳も年上である。この年齢の逆転も何か宗教的な絆《きずな》を連想させる。

　キリシタン弾圧の嵐は、三代将軍家光《いえみつ》によって暴風雨のごとくになったが、時あたかも藤樹は「眠れぬほどの悩みの日々を送り」と記して、寛永十一年（一六三四）より辞職願いを藩主に何度も出し、故郷への帰還を願っている。

　このパジェスの記事の十年後に当たる寛永十三年（一六三六）、藩主の許可を待たずに藤樹は、ついに脱藩して故郷の近江に帰ってしまった。

近江の高島郡小川村（滋賀県高島市安曇川町《あどがわちょう》）に帰った彼は、大いに歓迎されたようだが、この地はキリシタンが多い。私塾で門人と語らう学問三昧《ざんまい》の暮らしとなるが、藤樹は島原・天草の乱の経過に神経を尖らせていたという。大洲藩の四歳も年上の弟子が瀬戸内海を渡り、淀川をさかのぼり、はるばる近江まで年下の師を訪ねてきたのも、同じ信者として、情報を交換し合うためだったのではあるまいか。

「IHS」の紋章に潜む謎

藤樹の門人には二種類いた。熊沢蕃山《くまざわばんざん》や淵岡山《ふちこうざん》などのように本格的な学問を探求する者と、公開講座に参加するように集まる近隣の老婆たちだ。

特記すべきことは、藤樹が医療活動にも従事し、臨終の覚悟なども教えていることだ。実践的な陽明学の人というよりも、むしろ宣教師の行動に似ている。「優れたキリシタンとして暮らした」というパジェスの言葉が思い浮かぶ。

近江の中江藤樹の書院には、イエズス会が用いた「イエス」を示すギリシャ語の頭三文字「ＩＨＳ」を崩した紋章も残っている。もはや当時は「ＩＨＳ」や「南蛮風俗《なんばんふうぞく》」が流行の時代ではなかった。隠れキリシタンであることは、むしろ命にかかわる世の中である。

これまで述べた説は筆者のオリジナルではない。明治の日本キリスト教会の長老、海老名《えびな》

弾正《だんじょう》は、

「自分がキリスト教信仰に至ったのは、熊沢蕃山に負うところが多く、さらにその師の中江藤樹にまで淵源《えんげん》はさかのぼる」

と中江藤樹と門下の熊沢蕃山の思想にキリスト教の色彩を読み取った。その後、一九四七年からは桜美林《おうびりん》学園の創始者の清水安三《しみずやすぞう》学長が、中江藤樹とキリスト教の関係を主張し続けた。その成果は『中江藤樹』（東出版　一九六七）にまとめられている。中江藤樹がキリシタンとまでは断定しないが、キリシタン的なところがあるという。

そのもう一つの傍証は、岡山藩主の池田《いけだ》光政《みつまさ》が藤樹を尊敬崇拝していたことである。池田光政の祖父の輝政《てるまさ》については、前述のパジェスが、

「池田三左衛門《さんざえもん》（輝政）は信仰篤《あつ》く、領内の信徒に庇護《ひご》の手をさしのべている」

とイエズス会に報告している。輝政はキリシタンで、その妻もイエズス会のオルガンチーノから洗礼を受けたキリシタン大名、中川清秀《なかがわきよひで》の娘だ。その孫の池田光政はキリシタンの庇護者で、藤樹の理解者であってもおかしくはない。幕府は「切支丹」と当て字したが、池田家の岡山藩は「吉利支丹」と表記したことでもそのことがうかがえる。

中江藤樹は四十歳で死ぬが、三人の遺児がすべて蕃山の推挙で、岡山藩に召し抱えられたことでも、池田光政の藤樹への傾倒ぶりが分かる。禁教令の厳しいなかで、儒学に託してキ

リスト教を語る中江藤樹の卓越した知恵に、光政は敬服していたのではあるまいか。

藤樹は、

「万物を生みかつ主宰する神秘的超越者、太乙神《たいいつしん》の実在」を信じ、祭祀《さいし》を自ら実践し、また人にも説いた。朱子学の合理的神観念とは異なる宗教観を形成したのであるが、太乙神はキリスト教の「デウス」そのものである。デウスはラテン語で神を表す言葉だ。古代ローマの時代においては、神一般を表す言葉だったが、キリスト教が普及するのにしたがい、唯一の神を表す言葉となった。

「太乙神の下では、階級の違いはあっても人間は平等である」

という中江藤樹の思想は、当時の日本にあってどれほど衝撃的なことか。「天」を崇めるのは君主だけで、それ以下は、それぞれふさわしい神を崇めよ、という時代である。藤樹の「神の下では、人間は平等である」という思想は、あらゆる人々に光明を与えた。

農民一揆を支えた信仰心

中江藤樹は儒学の用語や「太乙」など道教の用語を用いているので、あたかも漢学者のように見えるが、隠れキリシタンである。その思想はあらゆる人々に光明を与えたが、その一例を挙げてみよう。

江戸時代、越後蒲原《えちごかんばら》（新潟県）の湿田や泥田を開拓した農民たちは、各地から半ば強制的に集められてきた人々である。

地縁も血縁もない人々だから、何の結合関係もなかったが、誰が言い出したのか、農作業を終えて夜になると、村落ごとに打ち合わせの集会の後、漢学の学習をした。ある日の記録によれば、

「宝暦《ほうれき》九年四月十一日、漢学。輪読をなし、中江藤樹先生御訓を教授され、自習す。甚《いた》く感《かん》泣《きゅう》。次試業において会読せん」

とある。宝暦九年は一七五九年で、藤樹の死後百十年もたっているが、その文中の「人間は平等」という思想に農民たちは感動して涙した。そして次には会読、つまり全員で読んだ。

そしてこの年、蒲原の農民たちは、自らの苦境を江戸表へ直訴している。死を覚悟で直訴する代表の姿は、後に触れる戦国時代に来日した宣教師の雄々しい献身的姿にも似ている。

戦国時代の農民と江戸時代の農民は大きく違う。戦国時代の農民は、村の利益のために共同で行動を取ることはあったが、その責任を誰かが一身に負い犠牲になるということはなかった。それが江戸時代になると変わる。困窮した村の問題を解決するため、代表が死を覚悟して幕府や大名と交渉する。むろん、大名への「直訴」や、大名を乗り越えて直接幕府に訴

える「越訴《おっそ》」をすれば、牢死もしくは刑死が待っている。

江戸時代には「義民伝承」と呼ばれる記録の曖昧な一揆《いっき》が多くある。村の代表として越訴して、責任を一身に負い磔《はりつけ》になった農民たちの献身的な姿は、キリスト教的思想がなければ不可能ではなかろうか。イエスが犠牲となり十字架に磔となったようにだ。

であればこそ磔となった主導者は、義民として祀《まつ》られ、村人の心のなかに甦《よみがえ》ることとなったのであろう。

「人殺しで稼ぐ道」を歩んだ武士

次の武士の言葉は、幕末に来日した英国のエルギン卿が書き残しているものである。原文の翻訳は「私」や「国王」という言葉が用いられているので、適宜《てきぎ》、侍らしい言葉に変えて紹介する。

「殿、拙者が忠誠を守り、臣下として主君に対して服従の念をいつまでも保つことを望まれますか。拙者が私的な利害によってご恩を忘れることなく、お役に立つときにはいつでも奉公に熱意を示すことを望まれますか。拙者が謙譲で穏健《おんけん》、朋輩《ほうばい》に対しては友好的で寛容に富むことを、また、どのような虐待を受けても、それに耐え抜くことを望まれますか」

理想的な江戸の武士の心構えだが、これは幕末の武士の言葉ではない。江戸初期に棄教を求められたキリシタン武士の心境を、教会の史料からエルギン卿が復元したもので、こう続く。

「それならば、キリスト教徒として留まるよう、お命じください。これらすべてのことを間違いなく期待できるのは、ただキリスト教徒だけだからです」

驚くべきことにこの武士は、武士道を貫くことができるのはキリシタン武士しかいないと断じているのである。主君へ忠義を尽くす忠臣、忠実にして謙虚で寛容かつ剛直な武士道は、あまりにもイエズス会の「清貧・貞潔・従順」の誓願に通じる。武士道はキリシタン武士から始まるのか――。

江戸の武士道の形成にキリシタンが与えた影響は大きい。もともと戦国時代の武士は、

「切り取り、剝《は》ぎ取りは武士の習い」

「武士は渡り者」

といったものである。戦場は武士の稼ぎ場で、「乱取《らんどり》」という言葉まであった。「乱取」とは、戦場で逃げまどう無抵抗の婦女子を掠《さら》っては、人買いに売り飛ばし、金目《かねめ》のものを漁りまくる行為だ。味方の死体からでも盗むほどで、それも褌《ふんどし》まで盗む。したがってテレビの大河ドラマには登場しないが、戦国武将の軍団のうしろには、ゾロゾロと商人や人買いが従って、戦いが終われば人買いの市が立った。

上杉謙信《うえすぎけんしん》が出陣するとき、その兵力の九割近くが農民といわれた。そのため謙信は主に農閑期にしか出陣しない。農業だけでは生活ができないので、農閑期は他国に出陣して、略奪で一稼ぎし、帰国して農業に励む。出稼ぎが越後の謙信の現実である。

常陸《ひたち》の小田城《おだじょう》（つくば市）を上杉謙信が攻略したときには、城内の人間や馬を奪うと、謙信の御意《ぎょい》（許可）で、城下は人を売り買いする市場に変わった。一人当たりの相場は二十文から三十文にすぎない。これは中世末期の西国の人買いの相場が二貫文だから、相場の一パーセント程度の安さである。

武田信玄《たけだしんげん》は親を追放して甲斐《かい》の国主となったが、対する上杉謙信も兄を殺して当主となり、骨肉相食《こつにくあいは》む両雄だった。それも当時の「武士は渡り者」だからである。家臣は実入りの少ない主君を嫌って、よそに行ってしまう。『毛利元就記《もうりもとなりき》』には、

「一年に二度三度ほどの合戦は武士の望む所なり」

とある。戦国時代の武士は、合戦での恩賞や略奪が目的なので、合戦を嫌う主君や弱い主君からはすぐに離れてしまった。そこで大名家の当主は、領地を拡大する合戦を好む者がならないと家が潰れる恐れがある。

織田信長《おだのぶなが》も兄弟を謀殺して、一族から「凶徒」呼ばわりされたが、家臣からは大歓迎され、次々と勢力範囲を拡大した。そして、ついには強固な軍団を形成し、天下人にまでなっ

た。およそ戦国時代の武士道は私欲なき忠誠心など皆無である。江戸時代における、

「武士は二君にまみえず」

「武士は人の鑑《かがみ》」

という自己を律した禁欲的な武士道とは、かけ離れていた。戦乱の時代になるのも無理もない。この「人殺しで稼ぐ武士道」の戦国武士たちの価値観や人生観、精神はキリスト教に接することで大きく変化した。そしてキリスト教は戦国を終わらせる大きな役割を果たし、江戸時代の武士道を生み出した。安土桃山《あづちももやま》時代のキリシタン大名、ジュスト高山右近《たかやまうこん》の次の言葉がすべてを物語っている。

「われわれは、わずかな財物と宝のために、殺し合っている。これこそ悪魔の仕業というものではあるまいか」

残酷な戦国武将の心理に変化が

福島正則《ふくしままさのり》と家臣の例を挙げよう。

福島正則は豊臣恩顧《おんこ》の大名だが、関ヶ原合戦では徳川家康《とくがわいえやす》に味方して、安芸《あき》・備後《びんご》四十九万八千石の太守《たいしゅ》となり広島城に入った。賤ヶ岳《しずがたけ》の合戦での勇者として知られ、賤ヶ岳七本槍の一人に数えられる勇猛な武将である。イエズス会の当初の記録には、

「日本中でもっとも残酷な一人という評判である」

と記されている。その凶異な福島正則が大坂で、イエズス会の修道士ヴィセンテの説教を耳にしたことがある。その説教でヴィセンテは、

「正しい理由もなく人間を責め苦しめて殺す行為は、いかに非難されるべきことであり、道理に反することか」

を力説していた。すると突然、福島正則は、

「その言葉はまったく正しい」

と声を張り上げた。「切り取り、剝ぎ取りは武士の習い」の戦国武士を福島正則は否定したのである。「それからの」とイエズス会の報告は続ける。

「正則は、自分の残酷さを抑えるばかりか、キリシタンに対して親切な態度を取るようになった」

福島正則は、当時の領地の尾張《おわり》にイエズス会の教会の地所を与え、また安芸・備後の太守として広島城に入ると、キリシタン大名大友宗麟と、その支族の志賀親次《しがちかつぐ》や、ジュスト高山右近の家臣だった入江左近《いりえさこん》などのキリシタンを家臣団に迎えた。重臣たちにはキリシタン武士が多かったのである。

広島城下には教会が建てられ、キリシタンは武士、農民を含めて二千人に達したと記録さ

れている。

　慶長十七年（一六一二）の江戸幕府による「禁教令」の強化のとき、福島正則は重臣四人を江戸に呼んだ。四人ともにキリシタンなので改宗を命じたが、そのとき重臣たちがいうには、

「表面上だけ信仰を捨てたとしても、心から改宗することはできませぬ。それを改宗したと称するのは、公（殿）のもっとも戒められるところの卑怯の振る舞いであるから、われわれに対する処置はすべて主君にお任せする」

　この言葉に福島正則は感嘆して、それを許した。このキリシタン重臣の言葉に、

「武士に二言はない」

　という江戸の武士道の誕生を見ることができる。

　それから七年後の元和五年（一六一九）、福島正則は改易された。その理由をレオン・パジェスは、

「キリシタンに好意的だったため」

　と記しているが、江戸後期に編纂《へんさん》された『徳川実記』には次のようにある。

「その人質性（性格）強暴にて……芸備の人民、常にその虐政に苦しむ」

　どちらが事実か、その判定は読者に委《ゆだ》ねたい。

ここまで数々の人物を列挙してきたのは、いかに江戸時代の形成にキリシタンが貢献したかを示すためである。キリシタンの隆盛と浸透がなかったなら、おそらく江戸幕府の支配する時代が二百六十年以上も続くことは、不可能だったに違いない。

それどころか、キリスト教の影響は日本固有と思われる優雅な文化にも色濃い影を投げかけている。江戸の大名たちが嗜《たしな》んだ茶道である。

ミサと茶道の酷似点

織田信長は特定の家臣に茶の湯を許す「茶《ちゃ》の湯《ゆ》御《ご》政道《せいどう》」で知られる。あらゆるもののなかで最高の価値を茶器に持たせ、敗軍の大名も名物茶器と交換に命を許し、富裕な者からは名物茶器を取り上げたほどである。

あまり注目されないが、信長は茶会を開く者を限定した。能力、人格と一定の資格を満たさないとそれを許さなかったのである。その「茶道」の精神を、イエズス会のジョアン・ロドリゲスは詳細に記述し次のように喝破している。

「茶の道は、外面的行動における礼法、作法、謙虚、自制を守り、また、傲慢や不遜をも示さず外面に謙虚さを表して、心身の安らぎと静けさをその信条とし……」

このように、一将にふさわしい人格を持った人物のみが茶会を催し、またその席に列することができた。信長は人間教育に茶道を導入したようであるが、これは戒律を守れなければ、キリスト教のミサに参加できないこととよく似ている。

とくに織田信長は茶頭《さどう》を置き、信長の頃は三人の茶頭の最下位だった千宗易《せんのそうえき》（利休《りきゅう》）は、豊臣秀吉の時代には茶頭の筆頭となる。しかも、

「内々のことは宗易に」

といわれるほどである。見落とされがちだが、茶頭の役割は、最高権力者への取次役ともいえ、これもキリスト教の司祭が神への取次役だったことに似ている。

当時、キリスト教のデウス（神）を日本では「だいうす」と呼んだ。茶道でもっとも神聖視されるものは「だいうす」ならぬ「台子（だいす）」である。台子とは、正式の茶道で用いる風炉《ふろ》、杓立《しゃくたて》、蓋置《ふたおき》、建水《けんすい》、水指《みずさし》など道具一式を飾る棚で、四本角柱でできている台である。

台子は中国伝来といわれるが、その由来を伝えているのは茶道の聖典『南方録《なんぽうろく》』の記述しかない。その『南方録』の著者は禅僧の南坊宗啓《なんぽうそうけい》といわれるが、この人物は実在したかどうかも不明である。むしろ、当時、キリスト教宣教師を「南蛮坊主《ぼうず》」と呼んでいたから、『南方録』は『南蛮坊主録』の略との指摘さえある（増淵宗一著『茶道と十字架』角川書店一九九六）。確かにキリシタン大名で茶人としても知られる高山右近は、茶会の記録には

「高山南坊」とある。

この説が妥当とすれば、『南方録』の著者の、南坊宗啓とは南蛮坊主の宗派を啓する者という意味になる。茶道の台子は「デウス」の意味を込めて珍重されたのかもしれない。それほど茶道は、キリスト教のミサ（聖餐式《せいさんしき》）と酷似している。

また茶室には聖水を思わせる手水《ちょうず》がある。亭主は司祭と同じで、茶会を取り仕切る。抹茶碗はキリスト教の聖杯のようにうやうやしく珍重され、茶巾《ちゃきん》の使い方と折りたたみ方も、聖布《せいふ》（プリフィカトリウム）の使い方、折りたたみ方とまったく同じである。

キリスト教のミサでは、ぶどう酒（キリストの血）を飲み、パン（キリストの肉）を授かるが、茶道では茶と菓子を用いる。それゆえ、「千利休はイエズス会の聖餐式を見たとしか思えない」と、カトリック司祭であるピーター・ミルワードは『お茶とミサ　東と西の「一期一会」』（ＰＨＰ研究所　一九九五）で指摘している。

千利休キリシタン説の真偽

形式だけではない。千利休が大成した「侘茶《わびちゃ》」の「侘」も、知られざる側面を持っている。あまり語られることがない「侘」の意味には、

「金持ちの数奇者《すきしゃ》ばかりではなく、貧しい数奇者（これを侘数奇と呼ぶ）をも正しい数奇者

と認めて、四民平等の茶の一座を建立《こんりゅう》しよう」という意味が含まれていた。神の名の下では誰もが平等というキリスト教の精神と、茶の湯数奇の下での平等と思想まで共通しているのである。

その茶道を大成した千宗易こと千利休の高弟に「台子七人衆」がいる。利休から直接「台子茶式」を伝授された七人をいう。その顔ぶれは、豊臣秀次《ひでつぐ》、木村常陸介《きむらひたちのすけ》、蒲生氏郷《がもううじさと》、細川《ほそかわ》三斎《さんさい》、高山右近、瀬田掃部《せたかもん》、芝山監物《しばやまけんもつ》である。

このうち、蒲生、高山、瀬田はキリシタンで、細川は嫁がキリシタンと四名までがキリシタン関係者だ。非キリシタンは木村と芝山、秀次の三名にすぎない。台子式を伝授された七人は豊臣政権下で、その人品骨柄《じんぴんこつがら》から秘伝を伝授されたように思える。

しかも、利休の高弟「利休七哲」となると、非キリスト教徒の木村常陸介と豊臣秀次が落ちて、キリシタンの牧村兵部《まきむらひょうぶ》、キリシタン中川清秀の妹を妻とする古田織部《ふるたおりべ》と入れ替わる。すべてキリシタンとキリシタンの庇護者である。そういった意味でも、「利休七哲」とは、キリスト教精神を理解した武将を指すようにさえ思える。

利休と豊臣秀吉の対立の一つに、茶室の規模の問題があった。利休は茶室の入り口である「にじり口」を極端に狭くしたが、これは天国への「狭き門」を意味するという説もある。逆に秀吉は京都北野天満宮境内において大規模な茶会、北野大茶会を主催し、四民平等の侘茶を実現した。

それほど、茶道とキリシタンは近い。そこで「千利休という名はセント・ルーカスの漢字表記で、利休はキリシタンであった」とする仮説を発表したのは山田無庵《やまだむあん》氏だった。利休はキリスト教徒なので自刃したのではなく、堺の自宅で処刑されたと主張するものだが、その書が刊行される前に山田氏は亡くなってしまった。

「千利休」なる名は、秀吉の関白就任を祝賀して開かれた禁中茶会のときより用いた居士号である。時に利休六十四歳。七十歳で秀吉から死を命じられるまでの六年間の号にすぎない。

キリスト教徒になろうとしても千利休は不適格者である。三度結婚して妾《めかけ》もいたので「汝、姦淫するなかれ」の戒律に触れてその資格はなかった。ただ利休による侘茶の確立には、キリスト教の聖餐式が大きな影響を与えていたとしても不思議ではない。偶然にしては共通する部分が多すぎるからである。

もちろんイエズス会も、茶道に注目して、教会には茶席、茶道に詳しい日本人信者を置くことを決めている。これは織田信長の時代のことで、利休が教会の儀式から触発されて、その形式と精神を次々と茶道に取り入れたことは大いに考えられる。

侘茶の大成者である千利休の出自、家系などが曖昧で錯綜しているのも、江戸時代のキリシタン禁制によって記録が処分されたためという可能性が高い。筆者は千利休はキリシタンではなかったと判断するが、キリシタンに好意的でその教義を理解した人物であったことは間違いないようだ。そして、その人によって茶道は確立したのである。

日本文化を代表する茶道にまでキリスト教が影響を与えたとなると、もはやキリシタン文化の流行では済まない。日本文化の深い精神性の確立にまで間違いなく影響を与えたのである。

キリストの最後の晩餐では、聖杯でワインの回し飲みをしたが、秀吉の時代には抹茶の回し飲みが行われている。その席で業病《ごうびょう》を病む大谷刑部吉継《おおたにぎょうぶよしつぐ》が、茶碗のなかに鼻汁を落としてしまったという有名な逸話が伝えられている。満座は困惑したが、即座に石田三成《いしだみつなり》が、「喉《のど》が渇いた。刑部、その茶を寄こせ」

と大谷吉継から茶碗を受けると一気に飲み干して場を収めたという。これを「徳」として大谷吉継は、関ヶ原合戦で負けを承知で石田三成に味方して、西軍唯一の壮烈な戦いを挑み戦死したと伝えられる。

この逸話も、抹茶碗を聖杯とする茶道の厳粛さを考えると、単なる美談を超えた宗教的な盟約のように思える。

草津の「湯揉み歌」に隠されたこと

あまりにも常識のようになっているので気づかぬこともある。江戸時代から名湯として知られる草津温泉の有名な「湯揉《ゆも》み歌」は、

「お医者さまでも、草津の湯でも、恋の病は（コリャ）治りゃせぬ」

と唄う。草津は恋の病のほかは、どんな病気でも治る温泉というわけだが、その意味を改めて問うと謎めいている。恋愛成就《じょうじゅ》以外は、治らぬ病気はないことになる。

確かに温泉は、今日考えるよりも本格的な治療施設である。甲斐の戦国大名、武田信玄は合戦の前に河浦《かわうら》の温泉に湯屋を造営させて、怪我人の治療策を講じたとする説がある。草津温泉に対しても、合戦を控えて一般湯治客の入湯を禁止する信玄の文書《もんじょ》が残っている。信玄の隠し湯なるものが甲斐を中心に二十三ヵ所もあるのは、やはり温泉が負傷兵の治療所、衛《えい》戍《じゅ》病院だったからだろう。

現に大坂の陣で負傷した北武蔵《きたむさし》の武将、藤田重信《ふじたしげのぶ》は信濃（長野県）にある諏訪の温泉で傷の治療をしたが、痛みに耐えがたくて医者を求めて上京する途上で死亡している（新井孝重《あらいたかしげ》『戦争の日本史（七）』吉川弘文館　二〇〇七）。

それでも他の温泉では、「お医者様でも〇〇の湯でも」とまでは唄わない。そこまで唄う

のは、関東では草津温泉のみである。

これも調べてみると、マルコ甚平《じんべい》というキリシタンが草津温泉に病院を開設したという史実が残されている。時に永禄八年（一五六五）である。後に詳述するが、イエズス会の修道士ルイス・アルメイダが豊後《ぶんご》府内（大分市）に初めて孤児院と病院を作った八年後に過ぎない。

マルコ甚平は、ザビエルが離日後の間もない書簡に名前が出てくるので、初期からの日本人信者の一人だろう。

いずれにしても草津温泉には、イエズス会員でカトリック教会の司祭、宣教師のルイス・フロイスと丸子甚平という銘の入った碑が残っている。マルコではなく丸子という姓なので、元は武家なのかもしれない。なお草津温泉を含む真田領には丸子《まるこ》町《まち》（上田市）があった。

ともあれマルコ甚平の開設した病院では、らい病も治るというので全国から患者が殺到した。ここでひと言付け加えておくが、らい病とは、今日のハンセン病から慢性皮膚疾患まで幅広い皮膚疾患の古い病名である。

ハンセン病も今日ではサリドマイド錠の服用で完治するほど治療の技術は確立しているが、当時は不治の病とされ社会的にも差別された。そのハンセン病でさえも、西洋外科技術を用いて治し、慢性皮膚疾患は湯治で清潔にすると完治した。これがどれだけ多くの人々を感動させたかは、次の事実で分かる。

全国の諸大名の寄進で草津温泉に天主堂が作られたのである。天正《てんしょう》八年（一五八〇）のことで「昇天の聖母の御堂」（聖マリア教会）という。

その付属病院としてマルコ甚平の病院は、さらに規模が整備拡大されたと思われる。何しろ寄進者に名を連ねているのは、大友宗麟、大村純忠《おおむらすみただ》、小西行長《こにしゆきなが》、伊達政宗《だてまさむね》などのキリシタン大名のみではない。細川忠興《ただおき》（三斎）、石田三成、古田織部、宇喜多秀家《うきたひでいえ》といった、織田信長の主な家臣の大名が名を連ねているのである。

草津温泉は沼田の真田昌幸《まさゆき》の領地なので、この「昇天の聖母の御堂」を保護する制札も真田昌幸の名で出されている。

この段階で真田昌幸の領地にはキリシタンの信者がいた。草津温泉に逗留したのは、丹羽《にわ》長秀《ながひで》、堀秀政《ほりひでまさ》、多賀常則《たがつねのり》（豊臣秀吉家臣）、近衛前久《このえさきひさ》、家康の正室旭姫《あさひひめ》、豊臣秀長《ひでなが》、大谷吉継、前田利家《まえだとしいえ》などである。前田利家などは家臣三百名を従えての入湯で、彼らは教会と施療所も目にしたに違いない。また、慶長九年（一六〇四）、徳川家康も、草津の湯を樽に詰めて居城に運ばせて入湯している。家康は皮膚病でも患ったのかもしれない。

いつ「切支丹禁制」で病院が破壊されたか不明だが、徳川幕府八代将軍吉宗《よしむね》、十代将軍家《いえ》治《はる》も家康にならって、草津温泉の湯を江戸城に運ばせている。

これだけ有名なのは、やはり教会付属病院の評判の高さが後世に伝わったからだろう。草津温泉は、真田家の家老である湯本平兵衛《ゆもとへいべえ》が五十一人の同心を従えて管理した。慈善病院を管理していたせいか湯本氏からは、後に筑前黒田《ちくぜんくろだ》藩侍医の湯本彦粛《ゆもとげんしゅく》、俊斉《しゅんさい》などの名医を出している。

ただし江戸の「自惚《うぬぼ》れと瘡《かさ》（性病）気のない者はない」という時代になると、もっぱら草津は、そちらの病気に効能があるということに変わった。当時の川柳に、

隣でも草津へ立つは知らぬなり
夫婦連れ草津へ行くは腐れ縁
姑へも草津へ行くは秘し隠し

とあるように、「下《しも》の病」の治療所の代名詞になってしまった。それでも当時は「下の病」は治療が不可能とされていたので、「お医者様でも草津の湯でも」という江戸の「草津・湯揉み歌」とともに、マルコ甚平なるキリシタンが作った付属病院の偉大な治療業績を伝えていたのである。

貿易船に乗って渡来した女たち

ところで江戸幕府が開かれて間もない頃は、ポルトガル船やスペイン船に加え、英国、オランダの船までもが来航する時代だった。ところが、こういった外国船の来航で盲点になっていたのが女性の問題である。

この時代アジア・太平洋の貿易は盛んだった。フランシスコ会はスペイン貿易船を利用して布教するカトリックの修道会であり、マニラに拠点を持っていた。一方、イエズス会はポルトガル貿易船を用い、インドのゴアとマカオに拠点があった。いずれも貿易の拠点でもあることはいうまでもない。

宣教師たちは貿易船に同乗し、貿易船には通訳の琉球《りゅうきゅう》女性が同乗していたことが確認されている。スペイン人やポルトガル人や、その混血の女性、加えて通訳や商人、さらには彼らの家族も貿易船に同乗していたはずである。なぜなら、日本の南蛮図屛風にも西洋女性が描かれている。のみならず貿易拠点には、商人の家族や通訳の女性などもおり、放浪する芸人のダンサーなども来日したかもしれないのである。

たとえば伊達政宗は江戸の屋敷で「外人の側室」を寵愛《ちょうあい》していたことで知られる。その記述から西洋女性らしいが、彼女はいったいどうやって政宗の下にやって来たのであろうか。

あるいは日本の港で、ポルトガルやスペインの船乗りと日本人女性とのあいだに生まれた子供もいたはずである。であるのならば、その子供たちはどうなったのだろうか。さっぱり記録が残されていないのである。

というのも徳川家旗本の青山《あおやま》氏の一族で、仙台藩士になった家から、幕末に金髪碧眼《へきがん》の子供が生まれた家がある。この件で身に覚えがない母親は自刃しているが、ポルトガルやスペインの男女の血が流れ込んでいたことも考えられる。さらにはイエズス会の日本の信者には、妻がポルトガル女性という例が記録されている。間違いなく西洋女性も来日していたのである。

そのなかにはジプシーの踊り、フラメンコの原形を器用に踊る船乗りや女性もいたはずである。船乗りはダンスと乱痴気騒ぎが好きなので、各種のダンスが渡来した可能性が高い。

スペインでは手をつないで輪になって踊るサルダーナがあり、アラゴン地方には男性が高く跳躍するホタもある。あるいはポルトガルの花摘みダンス（マセラーダ）は、胸のドラムを、二拍子で拳《こぶし》で叩きながら唄い踊る。各種のダンスが船乗りや女性によって日本に伝えられないはずがない。

そうでなければ説明できないことがある。キリスト教が栄えた時代、突如として登場した歌舞伎踊りである。その創始者である出雲阿国《いずものおくに》は、実在は確認されているがまったく謎の存在である。それはなぜか。

「切支丹禁制」のもとで史料が処分されたと考えられるのである。

十字架を首にかけた出雲阿国

歌舞伎の始祖とされる出雲阿国は、どの辞書を引いても、

「生没年未詳。歌舞伎者名古屋山三郎《なごやさんざぶろう》との恋愛などさまざまな説話が伝えられるが、経歴はほとんど不明」

などとなっており、出雲大社の巫女《みこ》と一般にはいわれる。『出雲阿国伝』は、出雲杵築《きつき》の鍛冶職中村三右衛門《なかむらさんえもん》の娘とするが、他に地方出身の「歩き巫女説」や「時宗《じしゅう》の鉦打聖《かねうちひじり》の娘」との説もあり、その実態はようとして分からない。

『日本芸能史・第四巻（中世―近世）』（芸能史研究会編　法政大学出版局　一九八五）に次のような記述がある。

「天正十九年（一五九一）におくにの一座が北野神社に勧進を願い出ている記録が見出されるが（『北野社家日記』同年五月二十四日）、おおよそこのころから、彼女の一座は北野の境内を京での拠点とするようになったと思われる」

北野神社の境内は、キリスト教会があった跡でもあり、後に隠れキリシタンにも深いゆか

りの神社となる。
『時慶卿記《ときよしきょうき》』には、慶長五年（一六〇〇）五月六日の条《くだり》に、女院の御所で女御《にょうご》（近衛前久の娘、後陽成帝女御《ごようぜいていのにょうご》）の振る舞い（もてなし）として、

「ヤヤコ跳なり、雲州ノ女楽なり」

とある。近衛前久の娘で後陽成帝女御が、帝《みかど》の母に出雲阿国の踊りを見せたらしい。宮廷で「舞」以外の「踊り」が演じられたのは、出雲阿国が最初である。

ここで注目すべきは、阿国の踊りを見物した面々である。後陽成帝の母も、近衛前久も宣教師から説教を聞いたことがある。なぜか阿国歌舞伎は北野神社を始め、キリシタンにゆかりが深い。俗伝で恋愛を伝えられる名古屋山三郎も、加賀藩の名《な》越《ごえ》家の嫡子《ちゃくし》で、母は織田信長の姪。蒲生氏郷、森美作守《もりみまさかのかみ》に仕えた。加賀前田家、織田信長、蒲生氏郷とキリシタンに縁《ゆかり》のある人物に取り巻かれている。

阿国の装いを重要文化財の「歌舞伎図《ず》巻《かん》」で見てみると、鉢巻きをして男装し、ロザリオ（十字架）を首から下げている。右手に扇子《せんす》を持ち、左腕を長大な太刀《たち》の上に置いてよりかかっているが太刀には紐《ひも》が巻き付けてあるので、ひょいと長い太刀を水平に背負えば、十字架にかかったイエスの姿となる。そのような踊り方をしている女性の姿を狩野長信《かのうながのぶ》の「花下《かか》遊楽図屏風《ゆうらくずびょうぶ》」にも見ることができる。

とくに「ヤヤコ跳」と記されていることに注目したい。別の記録では「ややこ踊り」ともある。「ややこ」とは「幼女」の意味である。

小さな女の子が跳ねたり踊ったりするときに、どんな姿をするのかは容易に想像がつく。両手を上げて、飛び跳ねるのだろう。

「歌舞伎図巻」からは、フラメンコのような姿を連想させるが、男性が高く手を上げて跳躍するホタやスペインやポルトガルの民族舞踊のダンスも連想させる。その後の記録を見ても、公家の男女まで阿国の「ヤヤコ跳」に夢中となったのだから、それなりに官能的で新鮮かつ刺激的な踊りであるはずである。『当代記』には、

「茶屋の女と戯れる体《てい》」

とあるので、「ややこ踊り」からエスカレートして、男女が対で踊る情熱的なダンスになったと思われる。

歌舞伎と西洋文化の関係

阿国の四条河原《しじようがわら》での公演に貴賤男女が熱狂したというが、それがフラメンコの原形あるいは西洋のダンスだった可能性は高い。

しかしながら、こういう踊りを禁欲的な宣教師は、宣教の成果として記録・報告すること

はない。ヨーロッパではたびたび世俗のダンスを教会が禁止しているからである。

ところで、出雲阿国の名乗りが「出雲」といっても、出雲州《いづものくに》の出自とは限らない。長崎の港の喉口にも「出雲」はあるし、京都、奈良にも「出雲」の地名はある。いずれもキリシタンの普及した地域である。

古記録の「出雲州」を音読みと訓読みを交えて読めば「デウス」とも読める。阿国の名も「お国」なら「於」を用いるはずだが、古い東国の親しみを込めた「阿」という字も珍しい。「阿国」は聖人「アグネス」にも通じる。出雲（州）阿国は「デウスのアグネス」に通じさせたのではあるまいか。

あるいはイエズス会の拠点インドのゴアで「アグニ」といえば「火のエネルギーの要素」を意味する。阿国歌舞伎は、当時としては炎のように燃える踊りだったのかもしれない。いずれにしても歌舞伎踊りの発祥にも、キリスト教を通じて海外の文化が大きな影を落としている。

西洋の踊りは、イエズス会を通じて早くから教会の儀式に導入されていた。慶長十年（一六〇五）の長崎の聖体行列の例について、次のようなことがイエズス会の報告に記録されている。

「すべてのうちで人々をいちばん楽しませたのは、日本人少年の演じた二つの舞踊でした。

一つは日本の衣装をつけた日本式の、もう一つはポルトガル風の衣装をつけたヨーロッパの踊りで、両方とも大変、立派でした。彼らは、主が立ち止まるいくつかの地点にこのために作られた舞台で、御聖体を前にして愛らしく軽やかに踊りました」

出雲阿国が京の教会跡の北野天神や、だいうす町に近い四条河原で公演したのも、キリシタンゆかりの「主の立ち止まる地点」を選んだとも考えられる。

阿国の歌舞伎踊りは大流行した後、遊女たちの客寄せの踊りとなった。男たちを性的に刺激するものだったに違いない。それを幕府は禁止するが「芝居」に伝わり、やがて江戸の歌舞伎へと変わった。

歌舞伎十八番中の「暫《しばらく》」は、舞台の花道で片手を前にさし出し、腰を落とし、片足でトントントンと跳ねて歩く。こうしたダイナミックな江戸歌舞伎の所作《しょさ》は、出雲阿国の踊りなくしては生まれなかったはずである。

江戸の風景に埋没した信者たち

これだけザッと見渡しても、江戸時代に果たしたキリシタンの役割は大きい。むしろ、キリシタンの存在なくして江戸の文化はなかったといっても過言ではない。その割にはこれまで随分と軽視されてきた。

徳川幕府の「禁教令」の前のキリシタンを「古キリシタン」と呼び、「切支丹禁制下」の信者を「隠れキリシタン」と呼ぶ。隠れキリシタンをカトリック教会では、「離れキリシタン」とも呼称するが、離れざるを得なかった厳しさがそこに表れている。

もとより「禁教令」の下でも棄教せず、勇敢に十字架で磔となり、燃える炎とともに昇天した殉教者は数え切れないほどいる。その人々の歴史は教会によって福者として、さらには聖人として記録され顕彰されている。

それに比べて、江戸の景色のなかに埋没した隠れキリシタンを誰も知ろうとはしない。殉教した人々に負い目を抱きながらも、密かに信仰を続けていた人々は好奇な目でしか顧みられなかった。昨今の江戸ブームのなかでも、枠外に置かれているのである。いわく、「伴天連《ばてれん》の妖術」「邪宗門《じゃしゅうもん》」「潜伏キリシタン」等々……。

隠れキリシタンに対しては、誤解と偏見のみが跋扈《ばっこ》した。それは江戸幕府の目と何も変わらず、江戸の歴史を振り返ることにはならない。

「伴天連の妖術」とは何か？　なぜ「邪宗門」なのか？　隠れキリシタンの存在も江戸の現実であり、隠れキリシタンを語らずして江戸は語れない。

もとより徳川家康はキリシタンをよく知っており、その周囲にはキリシタンの理解者も多かった。この事実も無視されがちで、ひと口に江戸時代の禁教令というと家康のキリシタン嫌いが語られる。しかし、おそらく徳川家康は断腸の思いで切支丹禁令を出したに違いない。

日本に駐在した宣教師ルイス・フロイスがマカオで書いた『日本史　才二部』は、天正十四年（一五八六）、三河《みかわ》の大名時代の徳川家康のことを記録している。上洛した家康は、イエズス会のオルガンチーノ司祭の訪問を受けたが、その場で、

「なぜパードレ（宣教師）は自分の領地、三河に赴《おもむ》かないのか」

と語った。オルガンチーノ司祭に敬意を払った家康の政治的お世辞ともいわれるが、家康は決してキリシタンを嫌っていたわけではない。家康の謀臣といわれる本多《ほんだ》正信《まさのぶ》、正純《まさずみ》親子、板倉勝重……。親キリシタン重臣だけでも数え上げたら枚挙にいとまがない。

当時のイエズス会は、西国《さいごく》だけで二十万人以上の信者を抱えて、そのなかには数十人の大名もいた。もはや無視できる勢力ではなかったはずである。

そして徳川家康が江戸に幕府を開いた頃には、キリシタンは七十五万人の規模になったといわれる。二千三百万人前後の全人口のなかで、三十人に一人がキリシタンだったのである。これを敵に回すほど家康は愚かではないだろう。

それでは江戸の隠れキリシタンを語る前に、キリスト教の伝来がどれだけ日本人に衝撃を与えたのか。そして、その精神にどのような影響を及ぼしたかを次章で眺めていこう。

第二章　信長・秀吉とキリシタン

ザビエルが残した遺産

フランシスコ・ザビエルは天文《てんぶん》十八年（一五四九）七月、鹿児島に上陸しているが、それ以降、日本側の記録はほとんどない。鹿児島でも信者を獲得したのだが、それはイエズス会側の記録にのみある。

日本側の動かぬ証拠は、薩摩焼酎の蒸留器を「らんびき」と呼び、その名がポルトガル語の「ALAMBIQUE」に由来することや、猪苗代地域では蒸留器を「ちんだら」と呼び、これもポルトガルの酒「チンタ」に由来していることが挙げられる程度だ。ともあれ、薩摩名物の焼酎はキリシタン伝来ということになる。

その後、ザビエル一行は、平戸から山口を経て瀬戸内海を渡り、堺《さかい》を経て、目指す京に至った。しかし、戦国時代末期のあまりの戦乱の激しさに京に十一日間滞在して、失意のなかで山口に戻ったという。その間、ザビエルはキリスト教の種を撒《ま》き、わずか二年三ヵ月の日本滞在後、中国へ赴《おもむ》きその地で没した。

日本滞在中ザビエルは、数百人の単位で信者を得たが、日本側の史料は皆無に近い。江戸時代に徹底的に処分してしまったのであろう。

ことに誤解されているのは、ザビエルと日本人従者二人だけで来たかのように書かれていることだ。実際は宣教師コスメ・デ・トルレス、ジョアン・フェルナンデス修道士などを伴っており、トルレスとフェルナンデスの二人は、ザビエルが中国に去ったあとも山口に踏みとどまり布教活動を続けた。

コスメ・デ・トルレスは、山口の司祭館に日本人信徒を招いて、天文二十一年（一五五二）十二月九日、ユリウス暦の十二月二十四日を祝った。日本で最初に行われたクリスマスである。

当時はラテン語で「ナタレの祭」と呼ばれたが、その後も毎年、ナタレの祭は祝われた。日本のクリスマスの伝統は、長いのである。

ザビエルの撒いた種は、トルレスらの献身的努力で徐々に花を咲かせた。後に来日したイエズス会士のルイス・フロイスは、その模様を『日本史』で詳細に記録している。

やがてトルレスとフェルナンデスが拠点とした山口も戦乱の巷《ちまた》と化した。人々は戦禍のため長期の食糧不足でやせ衰え、目は窪み、飢えのためなすすべもなく、茫然と塀に寄り掛かる始末だった。

コスメ・デ・トルレスは、いくらかの金を借りて米を買い入れ、大釜に粥《かゆ》を炊いて群衆に振る舞った。この時代の日本において、こうした民衆を救済する慈善事業を行うのは、キリスト教会のほかにはない。こうしたトルレスたちの献身的な活動に、僧侶たちは石を投げつけていた。天文二十三年（一五五四）頃のことである。

織田信長が十五代足利《あしかが》将軍義昭《よしあき》を追放し、新たな時代の幕開けをもたらすのは、元亀《げんき》四年（一五七三）。そのほぼ二十年も前の時代に当たる。当時の寺社は領地を守るために軍事力を蓄え、僧侶は民衆の救済など眼中にもない。しかし僧侶が宣教師に投石し、唾《つば》を吐きかけて侮辱すればするほど、それを見た者は教会の信者となり、武士も同じであった。

戦国時代の荒くれ武士も子羊に

フロイスの『日本史』には興味深いエピソードが数多く残されている。いくつかを紹介しよう。

当時の山口には陶隆房《すえたかふさ》の家臣で、長い髭《ひげ》と巨体が自慢の渡辺太郎左衛門《わたなべたろうざえもん》という武士がいた。周防《すおう》では名の知れた者で、彼が現れると人は家のなかに隠れたものだ。それほど乱暴者で恐れられていた。

この渡辺太郎左衛門が、突然、教会に宣教師を訪ねてきて、キリシタンになりたいと申し出たのである。ついに洗礼を受けてコンスタンチーノ渡辺太郎左衛門となった。

教会では小羊のようにおとなしく従順なコンスタチーノ渡辺だが、仏僧には容赦がない。彼の住まいの近くの寺で毎日、多くの聴衆を前に僧侶が観音像を手にして、

「この仏様を拝めば、刀を振り上げられても、その霊験《れいげん》で刀が蠟《ろう》のように柔らかくなって、斬られることはない」

とまことしやかに説いているのが気に障る。ある日、聴衆のなかに入ったコンスタンチーノ渡辺は、突然、腰の大刀を抜くと白刃《しらは》をぶら下げながら人波をかき分けて、僧侶の前に立ちはだかった。そして凄んだ目付きで、

「俗人にそれほど霊験あらたかなら、僧侶であるお前には、その御利益《ごりやく》がいっそう確実であることが証明されねばなるまい。それで、この太刀《たち》でお前の首を斬って、奇跡が本当かどうか試してみるのがふさわしいと思うが、お前は貧しい見知らぬ者だから、殺すことは控えよう。だが、手の指を差し出せ。拙者のこの太刀が曲がったり、傷むことがあっても、お前の指を切り落とさずにはおくまい。さあ、指を出せ！」

僧侶は青ざめて恐怖に震えたので、聴衆のなかの老人がコンスタンチーノ渡辺に手を合わせて仲介に入った。それで渡辺はしぶしぶ刀を鞘《さや》に収めた。この後、再び僧侶が現れることはなかったという。

あるいは宴会の席で人望のある侍が、渡辺太郎左衛門がキリシタンとも知らずに、キリシタンの悪口をいった。コンスタンチーノ渡辺は、平然と立ち上がると、その侍にツカツカと歩み寄り、いきなり横っ面を張り倒した。

そのとき連れの二人のキリシタン武士も抜刀して、人望のある侍の髷《まげ》を摑《つか》み、首を刎《は》ねようとしたが、それを制してコンスタンチーノ渡辺は言い放ったという。

「あいつは自分で何をいったかも分からぬような無知な野郎だから、ああして懲らしめてやればよい」

武士はキリシタンとなると虚言を嫌い、生き方を百八十度変えた。命の尊さと慈悲を知り、無駄な殺生《せっしょう》をやめるのである。

命を懸けた厳しい自己犠牲を強いられる武士たちにとって、カトリック教徒の「克己と抑制を実践」する献身的な姿は、共鳴するものがある。戦国の武士は、キリスト教の教義と宣教師の実践する献身的行為を見て、本来の人間性が解き放たれたのであろう。

フロイスの『日本史』を読んでいると、荒々しい戦国武士がキリスト教に改宗して、その精神が変わっていく過程を見るような思いがする。

戦国時代の「クリスマス休戦」

何といっても、キリスト教が戦国時代の日本人に熱狂的に歓迎された理由の一つは、その慈善事業や社会事業への献身である。

ポルトガルの商人ルイス・アルメイダは、アジア貿易で日本に立ち寄ったときに、大きな衝撃を受けた。戦乱による農民の飢えと困窮と、夫を失った妻の嬰児《えいじ》殺し、戦災孤児の惨めな死の多さである。

アルメイダは、ポルトガルの医師免許を持つ商人だったが、ただちに貿易で稼いだ巨万の富をイエズス会に寄進して修道士となり、大友宗麟の城下、豊後府内（大分市）に孤児院を作った。ときに弘治《こうじ》元年（一五五五）、アルメイダは弱冠三十歳である。

私財を投じて乳母を雇い、それでも足りないので牛を買い、その乳を与え、多くの孤児を救おうとした。のみならずアルメイダは翌年、同地のイエズス会「慈悲の聖母の教会」に付属病院の設立を計画して、弘治三年（一五五七）二月頃に完成させた。

病院は内科と外科とらい病科の三科を持ち、内科は日本人医師にまかせ、外科とらい病科はアルメイダが担当して、日本人医師をも養成した。このとき西洋の外科療法も初めて日本に伝えられたのである。

らい病は前述したように、今日のハンセン病と他の皮膚病などをも一緒にした幅広い病名だが、当時でも外科療法や清潔にする看護だけでも治る。ところが治療技術がなかったので、伝染もしないのに恐れられて、患者は社会から投げ出されて身分外の身分とされた。

そのらい病に西洋流の外科手術は驚異的な効果を見せた。切開による排膿をする技術が誕生して間もない頃で、これまでの漢方・和方での対処のように傷口から菌が体内に回り、敗血症で死ぬこともなくなった。当時の日本人にしてみれば、奇跡のようにありがたいことで、再び社会に復帰できる。

もちろん診療費は無料である。貧しさゆえ皮膚疾患をこじらせた人も多く、食事は米、味噌のほか、体力を回復させるために日本では避けられていた牛肉なども食べさせた。江戸の世で肉食を「薬喰い」と称したのも、アルメイダの西洋医学の治療法に由来するに違いない。和方・漢方には「肉＝薬」の考え方はないからである。

この日本初の病院の噂はたちまち広がり、患者は全国から集まった。

二年後の永禄二年（一五五九）には患者は二百人を超えて、内科の新病棟が増設されたほどである。これらの施設が戦乱の時代に、どれほど人々に希望をもたらしたのかは、病院で回復した患者たちが信者となり、病院で働いて奉仕することを熱望したことでもわかる。

以来、教会には病院が付属するようになった。しかし二年後にローマからの指令で、聖職者が治療にかかわることが禁止されたので、アルメイダは養成していた日本人の弟子たちに内科と外科をまかせた。日本の西洋医学の基礎は、このとき植え付けられたのである。

さて、イエズス会の慈善活動の噂が都にまで伝わると、多くの日本人が感動した。もはやキリスト教も仏教も関係なく、裕福な人は次々と寄付を申し出る。

たとえば日蓮宗徒《にちれんしゅうと》の京のヌマズという商人は豪華な扇などを輸出して、その売上代金をイエズス会の宣教師を通じ寄付した。京の清水リアンなる老金貸しも日蓮宗徒だったが、キリスト教に転宗して、「高利は罪悪だ」と知ると、それまでの貸し金の利息のうち判明したものは借り手に返し、不明の利息をすべて教会に寄付した。その金は「貧しく困窮している人に与えてくだされ」というものだった。

このわずかな例をもってしても、どれほどイエズス会の慈善活動が、戦国時代の日本人の心の奥底に潜んでいた善意を開花させたかが分かる。戦乱のなかで貧困に苦しむ人に多くの富裕な日本人は手をこまねいていたに過ぎない。日本人の奉仕と福祉の精神を目覚めさせたのは、キリシタンの思想と活動だったのである。

また、キリシタンの武士が増えると「クリスマス休戦」さえ行われた。時代は前後するが、永禄九年（一五六六）、堺で戦っていた二つの軍勢には計七十名ほどのキリシタン武士がいた。

敵味方に分かれたキリシタン武士だが、フロイスによれば、

「互いにどれほど愛し合っているかを示すため」

堺の司祭に申し出てクリスマスを祝うことにした。クリスマス休戦である。

堺の教会は狭いので、町会所を借りて大広間に祭壇をすえた。西暦で十二月二十四日の聖夜、互いに交戦する陣からキリシタン武士は抜け出して、この臨時礼拝所に集まり司祭の説

教を聞き、ミサに与《あずか》り、告白をしてから互いの陣営に戻った。このミサには見物人が殺到したという。

もちろんクリスマスとは呼ばずラテン語を日本語化した「ナタレの祭」と呼んだ。

翌日も、キリシタン武士は再び正装して大広間に集まり、それぞれが持参した御馳走を食べながら、敵味方の区別なく会話を楽しんだ。そして、翌日から再び戦闘が開始されたのだが、キリシタン武士同士はなるべく戦わないようにしたという。徳川幕府が開かれる三十三年前のこと、キリシタンの増加は、戦いを減らすこととなった。

このクリスマスを意味するラテン語の「ナタラ」も、また江戸時代を通じて隠れキリシタンによって伝えられる。

日本初の「母子寮」を作る

高槻《たかつき》城主でありキリシタン大名として知られるジュスト高山右近は、その父の飛騨守《ひだのかみ》もダリオの教名を持つキリシタンだった。

ダリオ高山飛騨守は、長い髭をたくわえた歴戦の武士だが、畿内《きない》で最初に社会福祉事業を志した人である。

当時、戦死した兵士の妻子など誰も気にすることもなく、寡婦《かふ》と子供を待ち受けていたのは飢えと死だけである。それがダリオ高山飛騨守には心の痛むことだった。彼は戦いのたびに、おびただしい戦死者の寡婦と孤児が見捨てられることがないように、城下の寡婦と孤児を近親者のように世話したが、「母子寮」を作るのが念願だったという。

ダリオ飛騨守は常に妻のマリアに着物を新調させて、真新しい着物で城内を見回らせた。それは兵士が貧しい身なりをしていると、その着物を与えるためである。城とはジュスト高山右近が城主を務める高槻城のことだ。

ある日、高槻の城下で二人の貧民が死んだ。そのときダリオ飛騨守は、西洋風の棺《ひつぎ》を作らせ、真ん中に白い十字を付した黒い絹織物で棺を覆った。そして城下の貴賤のキリシタン全員に、ロウソクを灯した提灯《ちょうちん》を持って、墓地に集まるように告げた。

高槻の全キリシタンが居並ぶ墓地で、ダリオ飛騨守と城主のジュスト高山右近は棺を担ぐと、静々と埋葬の地へ歩み出した。驚いたのは、家臣のキリシタンたちである。あわててロウソクを手放すと、我先に鋤《すき》を取り、急いで死者を埋葬する穴を掘った。棺を穴に入れると、重臣たちの妻までもが、各々、土を手に持ち死者の墓穴に投げ入れた。

もともと死者を葬る作業は、身分外の者の行為とされていたのだが、この出来事以後、あらゆる階級のキリシタンが助け合って埋葬することが慣習となった。それ以前は貧民は、葬儀はおろか埋葬されることもないし、僧侶たちも領主以外の葬儀などしない。これが仏教でもって国を護る鎮護国家、日本仏教の本筋である。つまり、江戸時代に寺院が庶民の葬儀に乗り出したのはキリシタンの影響ともいえる。

さて、ダリオ飛騨守の楽しみは、高槻の教会（高槻市野見《のみ》神社《じんじゃ》付近）を訪れては、宣教師や修道士からキリシタンの善行の話を聞くことだった。日本にはなかった慈善事業、慈善行為というのが武辺《ぶへん》噺《ばなし》のように面白く感じたに違いない。フロイスが飛騨守に「生涯の望みは？」と尋ねたところ、こう答えたという。

「寡婦と孤児のための施設を作ること（母子寮）。善行を行う宣教師や修道士が集まるローマの市《いち》を見て、パッパ（教皇）に会ってみたい」

イエズス会の宣教師と信者は京で

京は寺社勢力の強い町である。

イエズス会の宣教師と信者は、当初は市内各地を転々とした。小さいながらも礼拝堂を建てることができたのは、やっと永禄四年（一五六一）の晩春である。場所は四条坊門姥柳《しじょうぼうもんうばやなぎ》町《ちょう》というから、現在の京都市中京区蛸薬師町《たこやくしちょう》あたりになる。

ここでも彼らを待っていたのは、周囲の人々の嫌悪の視線である。ところが、宣教師のガスパル・ヴィレラが日本人のロレンソを連れて堺に下ったおり、三好《みよし》氏と六角《ろっかく》氏の争乱が起こり、京は戦乱の巷と化した。数少ない京の信者たちは教会を守りながらも、戦禍のなかで救貧事業を行ったので、心ある人々の高い評価を受けた。

そこで比叡山《ひえいざん》の僧侶は松永久秀《まつながひさひで》をそそのかし、宣教師の追放を画策させた。永禄六年（一五六三）のことである。これは逆に心ある人々を激昂させて、松永久秀の部下の結城山城守《ゆうきやましろのかみ》忠正《ただまさ》一族を筆頭として、京周辺の大名が続々とキリシタンに改宗する結末となった。

やがて織田信長の上洛《じょうらく》によって、本格的な教会堂が造られるに至る。キリシタン大名から町人、釘拾いまでも奉仕に参加して、南蛮寺《なんばんじ》が建設されたのである。工期一年、延べ七百人の大工の「奉仕」で、天正四年（一五七六）に完成した。今日《こんにち》の中京区四条通と三条通のあいだを貫く蛸薬師通から入った、蛸薬師室町の西、五十メートルのあたりである。

南蛮寺で初めてミサが行われたのは、同年七月二十一日で、西暦（ユリウス暦）では八月十五日に当たる。西暦八月十五日は聖母の被昇天の日で、南蛮寺の正式な名は「珊太満利亜《さんたまりあ》上人《しょうにん》の寺（サンタマリア御上人寺）」であった。

ミサには高山飛騨守、右近親子を始めとする多くのキリシタン大名が馳《は》せ参じたが、その優美な六角屋根の三階建ての建物は、扇絵として今も残っている。

日本式の三階建てだが、庭にはヤシ科の棕櫚《しゅろ》の木が高くそびえているのは、いかにも「南蛮寺＝サンタマリア御上人寺」らしい。門前にはロザリオ（十字架の数珠）やメダイ（キリストのメダル）を売る店、フェルトの帽子を売る店などがずらりと並んでいた。

この場所は、近年のビル建設工事の事前発掘で発見されたもので、日本側の史料では不明だった。ここにも江戸時代に徹底的に行われた、記録と痕跡の抹消をうかがうことができる。

京の教会の跡地は複数ある。江戸時代の地図にも「だいうす丁（町）」が複数あり、「だいうす辻子《ずし》」もある。「だいうす」とは「デウス」を意味するが、数十軒二百名以上のキリシタンが移り住んでいたという。

一説には、現在の上京区の北野天満宮の西側、当時の北野天満宮の広大な敷地内にも、教会堂があったと伝えられる。菅原道真《すがわらのみちざね》を祀《まつ》る、北野天満宮の敷地内に教会堂が造られたことを覚えておいていただきたい。前述の出雲阿国が歌舞伎踊りの興業を始めたのも北野天満宮の境内、教会堂の跡だった。

キリスト教が侍の人生観を変える

織田信長政権の下《もと》でのキリシタン大名の増加は、戦国時代を戦う武士の心境に大きな変化をもたらせた。天正十年（一五八二）の本能寺《ほんのうじ》の変で、織田信長が明智《あけち》光秀《みつひで》の軍勢に殺されたあとのことである。

中国出陣中の豊臣秀吉の思わぬ追撃の速さで、明智光秀が山崎天王山《やまざきてんのうざん》で敗れたと知ると、娘婿とも従兄弟ともいわれる明智左馬助《さまのすけ》（秀満《ひでみつ》）は、光秀の母と妻を率いて坂本城《さかもとじょう》（滋賀県）に籠城した。その坂本城を一番乗りで包囲したのが入江長兵衛《いりえちょうべえ》である。明智左馬助とは互いに交遊があった。

明智左馬助は坂本城の櫓《やぐら》の上で寄せ手の様子を眺めていたが、城の近くまで馬を進める侍を見つけた。よく見ると包囲軍の入江長兵衛である。すると左馬助は櫓から大声で、

「貴公は入江ではないか。この城も今日を限りに、明日は討ち死にと定まった。最後のひと言を貴公にいって聞かせよう」

「おお明智殿か、何事であるか」

と入江長兵衛も櫓を仰いで耳を傾けた。

「いま鉄砲で撃てば造作もないが、せっかく貴公がさし詰めてきたのだから、友達甲斐に最後の言葉を話しておきたい。幼少の頃から戦場に出て巧妙手柄を心がけ、いろいろ骨折ってみたが、この有り様だ。明日の命もない。いくら危険を冒して骨折っても、人の身はなるようにしかならぬ。貴公も、もう武士なんぞやめて、気楽な身分になったほうがいいぞ。いま金子《きんす》をやるから、これを元手に何なりとしたらよかろう」

そういって左馬助は、三百両入りの革袋を投げ降ろした。この言葉に入江も感じ入って、

戦《いくさ》が終わると早々と武士をやめ、京に引きこもった。そして「京屋」という富豪になった。

武家という稼業に嫌気をさした侍が出始め、どこの城下でも、武士をやめて商人になった者がいる。これを「男を捨てる」という。男とは武士のことで、やせ我慢して武士をしているのを「男立て」といい「伊達男」の語源となった。

それはともかく、キリスト教の布教によって、武士・侍の人生観も大きく変わった。これまでは、味方同士でも「男を立てる」ため、何かというと殺し合いまでした。それがどれほど無益で野蛮なことかをキリスト教の布教で知ったのである。

したがって豊臣秀吉もキリシタンには好意的だった。家臣たちが忠実で誠実かつ穏和な人物になるからである。秀吉は日本人修道士のロレンソに、

「側室を置くことを許されればキリシタンになってもよいのだが」

と軽口を叩いたほどで、直属の家臣団や大名たちにキリシタンになることを奨励した。

秀吉麾《き》下《か》のある若い武士に至っては、突然、教会を訪れて洗礼を求めた。不審に思う宣教師に、若武者は頬を紅潮させていった。それを現代語で意訳すれば、差し詰めこういったところか。

「自分はっ、キリシタンになりたいであります！　そうすれば健康にもよいと思うからであります！　このあいだも、自分の友人がぁ、ささいなことで喧嘩して、斬り合って、死にま

した！　キリシタンになればぁ、喧嘩などで、無駄死にすることがなく、淫猥《いんわい》にも耽《ふけ》りませんのでぇ、健康によいと自分は思うのであります！」

こういう生命を大切にする感覚が簡単明瞭《めいりよう》かつ単純になると、もはや戦国時代は続かない。

内外の記録などから推計すると、当時のキリシタン大名は六十名から七十名に上るとみられているが、これは豊臣時代の大名の総数からするとかなり高い比率になる。これに秀吉麾下のキリシタンの家臣団や、キリシタン大名の家臣団を加えると、数ははるかに跳ね上がり、数えきれない。

ジュスト高山右近は家臣団とともに集団洗礼を受けたが、高山右近の領内における人口二万五千名のうち一万八千名が洗礼を受けて、その後も年間二千五百名の規模でキリシタンが増えた。キリシタン大名の領民もキリシタンに改宗しているので、その総数は想像を絶するものがある。

おそらくこの時代、九州北部から尾張にかけてキリシタンがひしめいていたはずである。

キリシタンに囲まれ暮らした秀吉

豊臣秀吉は好色で、その側室には百二十名以上の高貴な女性を集めていた。ところが彼女たちのあいだには内藤《ないとう》ジュリアによって「ベアト女子修道会」が結成されていた。京極《きょうごく》マリア、足利嶋子《あしかがしまこ》など名門の女性や、北政所《きたのまんどころ》（正室ねね）の筆頭秘書マグダレーナ（小西行長《こにしゆきなが》の母《はは》）、カテリーナ（小西姉妹）などが知られている。

秀吉自身もベッドで寝て靴を履く洋風の生活をしており、側室たちをマリアとかカテリーナなどと呼んでいた。よせばいいのに、キリシタン以外の女性にも「マリア」「カテリーナ」とやったというから、女性もその気になったに違いない。

これではキリシタン、もしくはキリシタン気分の側室ばかりで、秀吉が子供に恵まれなかったのも無理はない。キリシタンの側室たちは「汝、姦淫するなかれ」の戒律を守ったからだ。思わぬところから秀吉の悩みの原因がうかがえるというものである。

この「汝、姦淫するなかれ」の戒律には、キリシタン大名も困惑したようだ。織田信長の次男、信雄《のぶかつ》もキリシタンだが、

「その戒律を緩めれば、もっと信者は増える」

と宣教師に忠告している。いうまでもなく大名にとって子作りは、世襲権力を維持する政治的行動であるからだ。

当時、豊臣秀吉の周辺でキリシタンとなった者には、最高の医学的権威の医師、曲直瀬道三《まなせどうさん》もいた。曲直瀬の場合は、イエズス会の宣教師と慎重に問答したうえであり、医師として

も納得しての入信である。

公家の陰陽道《おんようどう》の大家、賀茂在昌《かものありまさ》もマニュエル在昌となった。在昌については、僧侶が日月の運行などを例に説法をしていると、

「天文道《てんもんどう》は、そのように粗雑なものではない」

と言い放ったことが記録されている。公家とは思えない大胆さである。

現在では陰陽道というと、安倍晴明《あべのせいめい》ばかりが語られるが、もともと陰陽道は賀茂家の専業だった。ところが現在、賀茂在昌の名を朝廷の歴代の職員録『公卿補任《くぎょうぶにん》』で調べると、その名がない。どうやら公家にもかかわらず除籍されたらしい。その他、公家の清原外記《きよはらげき》も洗礼を受けたが、清原家も『公卿補任』からは抹消されている。

注目すべきは、レオン・パジェスの次の記録である。要約してみよう。

「京のキリスト教会に後水尾上皇の妻と母、そして後陽成天皇の妻がキリスト教の説教を聞くために訪れました。この三人は限りなくキリスト教が好きであり、公家がキリスト教を侵略的宗教とみなさなければ、キリスト教に入信したでしょう。ただし、この三人は皆、家臣が入信することは許しました」（レオン・パジェス『日本切支丹宗門史』上巻三〇二頁）。

上は皇室から下は庶民までというキリシタンへの傾倒は、教科書などが説くような異国文化への憧れや流行で済ませることはできない。キリシタンとの接触は戦国乱世において、人

間の霊魂（スピリッツ）を目覚めさせて、次の江戸時代を準備させたのである。

秀吉が結成した日本版「十字軍」

これほどキリスト教は普及したが、豊臣秀吉は天正十五年（一五八七）、突如、キリスト教宣教と南蛮貿易に関する禁制文書「伴天連《ばてれん》追放令」を出した。これにより、京の南蛮寺も破却されることとなる。その原因は種々語られている。たとえば、

「ポルトガル人宣教師の一部が海外に日本人を奴隷として売っていること、九州の有馬《ありま》氏や大村純忠などキリシタン大名が神社仏閣のことごとくを破壊している」

などがある。こういったものが通説となっているが、宣教師が日本人を海外に奴隷として売ったゆえというのは、今日残っている「伴天連追放令」のなかには一字も書かれていない。

しかも、この追放令の後、秀吉はキリシタンの迫害を行わなかった。その理由は、秀吉が南蛮貿易の利益を求めていたからと説明される。しかし、これらのなかで見逃されていることがある。

当時、九州の島津《しまづ》氏はキリシタン大名の大友宗麟と、その子の義統《よしむね》、大村純忠を九州から追い出し、盛んに九州各地で戦乱を起こしていた。島津軍の乱妨狼藉《らんぼうろうぜき》、乱取《らんどり》は目に余るもの

があった。その島津氏を征討するため、豊臣秀吉は大軍を率いて九州に進んだが、その軍勢の主力はキリシタン大名によって構成された軍団、いわば日本版の「十字軍」である。

日蓮宗の島津氏と豊臣秀吉の十字軍が激突するときの叫び声は、想像するだに凄まじい。島津氏の軍団が「南無妙法蓮華経《なむみようほうれんげきよう》」を唱えて突進してくると、秀吉の十字軍は「サンディエゴ！（戦いの神）」「サンタ・マリア！」と雄叫びを上げて激突した。唸《うな》る御題目とキリスト教の聖人の名が戦場に鳴り響いたのである。

破竹の勢いで秀吉麾下の「サンディエゴ」「サンタ・マリア」の雄叫びは、島津軍の「南無妙法蓮華経」を断末魔の声に変えて、薩摩の川内《せんだい》まで侵攻した。やがて、その地で敗れた島津氏は講和を受け入れた。

その直後に秀吉が発令したのが前述の「伴天連追放令」である。その冒頭の言葉は、この事件の原因を示唆している。いわく、

「日本は神国たるに、キリシタン国より邪法を受けそうろうこと、大いによろしからざること」

豊臣秀吉の宗教観と政治思想が驚くほど古いものに感じられる。そして、

「神社仏閣を打破のよし、前代未聞にそうろう」

事実、長崎港を開港したキリシタン大名、大村純忠の領内だけで三千五百の寺社が破却さ

れたというから、秀吉ならずとも驚く。織田信長の時代から寺社勢力と朝廷は、古代・中世以来の「仏神による鎮護国家の思想」を前面に出して、キリシタンに抵抗をしていたが、それは「神国に邪法を入れると仏罰をこうむる」という理屈であった。

そして偶然にも仏罰があった。

「伴天連追放令」のほぼ一年半前、天正十三年（一五八六）十一月二十九日、マグニチュード七・八の巨大地震が京を中心とする畿内一帯から東海《とうかい》、東山《とうさん》、北陸《ほくりく》諸道を襲った。震源地は京の白河《しらかわ》断層と推定されているが、京にも大きな被害を出した。

地震は政治に対する神罰・仏罰で、これを「天譴《てんけん》思想」という。朝廷を恐怖させた「天譴」を反キリシタン勢力から追及された秀吉は、「伴天連追放令」を出さざるを得なかったものと思える。思えば秀吉の「伴天連追放令」は、天下人が「天譴思想」の圧力に屈したと解釈するしかない。

ジュスト高山右近は、秀吉から棄教を迫られたが、拒否して六万石の高槻城主の地位を捨て、領地を去った。その後の右近は、小西行長の所領、小豆島《しょうどしま》に滞在したが、そこの代官はかつて河内《かわち》の領主だったマンショ三箇《さんか》頼照《よりてる》だからである。

しばらくすると加賀の前田利家が右近を招き、四万石、家臣一万五千名を持つ前田家の重臣に据えた。加賀の前田利家、利長《としなが》親子はキリシタンの保護者である。右近はただちに肥前《ひぜん》のキリシタン大名、有馬晴信《ありまはるのぶ》の下で同じ立場にあるヨハネ内藤如安《ないとうじょあん》を金沢に呼び寄せて、二人の布教で慶長十年（一六〇五）金沢城下に南蛮寺を建立《こんりゅう》した。

この事実を知りながらも秀吉は、その後の十年間、サンフェリペ号事件が起きるまでキリスト教を禁じることもなく、むしろスペインのフランシスコ会まで招いている。

秀吉が黙認した活動とは

スペインのフランシスコ会、ペトロ・バプチスタ神父がマニラから外交使節として来日したのは、天正十一年（一五八四）である。

翌年、豊臣秀吉はフランシスコ会に京・妙満寺《みょうまんじ》の広大な跡地を与える。そして、教会堂（聖マリア教会）と付属の聖アンナ病院と聖ヨゼフ病院の二つの病院、修道院、ルソン使節館の建設を黙認した。

フランシスコ会の教会付属病院では、南蛮（西洋）医学による患者の治療が行われたので、当時は世の中から見捨てられていたらい病患者、あるいは貧しい人々に対して献身的な治療を施した。ここに殺到した患者や付近で治療活動を目撃した者は、その活動に感動してこぞって病院に奉仕することになる。その数は一年で信者が五百名も増えたことで分かる。

薬屋は無料で薬品を提供し、患者は治ると看護に挺身した。医療施設のない京で、フランシスコ会付属病院の熱心な活動は、それほど人の胸を打った。「奉仕」という考えを日本に定着させたのは、キリシタンである。

これら慈善施設を管理する日本人奉仕者を「看房《かんぼう》」と呼び、教会や修道院で宣教師を補佐する者を「同宿《どうしゅく》」と呼んだ。

江戸時代、一部地域で「カンボウ」「カンボ」と呼ばれる人々が差別の対象となったが、それは慈善活動と社会福祉に熱心な気高い先祖のことで、当初、卑賤視はなかったはずである。それが江戸時代の長いキリシタン禁教令のなかで、意味が忘れられてしまったに過ぎない。気高い人々の末裔《まつえい》なのであり、差別が歴史的無知から生まれる典型的な例といえる。

この看房や南蛮医学を学んだ人々は数多く、密かに後の江戸の蘭学の前進に大きな貢献をすることになる。イエズス会のアルメイダが作った豊後府内の病院以来、フランシスコ会の病院でも外科や内科の日本人弟子が養成されて、彼らは臓器の名前も学んでいたからである。

さて、フランシスコ会の聖マリア教会と聖アンナ病院、聖ヨゼフ病院とスペイン使節館の位置は、四条堀川西《しじょうほりかわにし》の四条岩上《しじょういわがみ》南一帯といわれる。ここから堀川通を挟んだ東側、現在でいう四条病院のあたりまで広がっていた。

さらに四条大宮《しじょうおおみや》と四条堀川のほぼ中間、四条通の南、佐竹町《さたけちょう》には「だいうす町」があり、ここも教会の跡といわれる。「だいうす町」は、「一軒を除いてすべてキリシタン」

といわれるほどで、信者自らは「ロスアンジェルス（諸天使の町）」と呼んだ。天使のごとく献身的に生きる人々の町が「だいうす町」で、日本のロスアンジェルスである。エンジェルは、後に「あんじょ」と呼ばれるようになる。

その姿は同時代の人々に大きな感銘を与えて、殺伐とした戦国の世の精神を大きく変える力となった。豊臣秀吉の政権下、徳川家康を始めとする大名がひしめくなかでも、天下を維持できたのは、平和を望み、従順で献身的なキリシタン大名が多かったせいである。

もとよりイエズス会の教会やフランシスコ会の聖堂と病院などは、京のみならず大坂にもあり、江戸を含めて全国各地に展開した。

だが、この幸福は間もなく終わる。

キリシタンの運命を変えたひと言

慶長元年（一五九六）、土佐の浦戸《うらど》にスペインのサンフェリペ号が難破、漂着した。その積み荷に大量の硝石《しょうせき》などの火薬類があり、それを浦戸を領地とする長曽我部《ちょうそかべ》氏が没収をした。海岸への漂着物はその土地の者が奪うという慣習法は鎌倉時代からのものである。

それを知らないサンフェリペ号の船長は、在京のフランシスコ会士を通じて秀吉に積み荷の返還を懇願したので、秀吉は奉行の増田長盛《ましたながもり》を浦戸まで派遣した。

増田長盛は浦戸でサンフェリペ号の航海士から事情を聴取したが、日本の慣習を泥棒呼ばわりされたのだろう。そのうち押し問答となってしまった。しかも、怒った航海士が威嚇するつもりで「スペインは世界の征服者」であると脅し文句を吐いた。すると増田長盛は尋ねた。

「征服する前に宣教師を送るのであろう」

「そうだ。フィリピンもヌエバ・イスパーニャ（新スペイン＝メキシコ）も宣教師を送り込んでから征服した」

と勢いにまかせて航海士は答えた。

カトリック教会のために弁護しておくが、これは教養不足の航海士による事実無根の言葉である。ヌエバ・イスパーニャや南米で、征服軍による現地人からの略奪に抗議する宣教師も多くいた。「神を取るか、黄金を取るか」と征服者に迫ったドミニコ会のラス・カサスが有名である。（『神か黄金か――甦るラス・カサス――』グスタボ・グティエレス　染田秀藤《そめだひでふじ》訳　岩波書店　一九九一年）

とはいえ増田長盛はいわれたままに秀吉に報告した。

「スペイン人は征服者であり、まず宣教師を入れて、それから征服する」

激怒した秀吉は再度「伴天連追放令」を出して、京、大坂のフランシスコ会の宣教師と信者二十六名を捕らえて、京の一条戻橋《いちじょうもどりばし》で片耳を削ぎ、大坂、堺を引き回したあげく、長崎に送り焚刑《ふんけい》に処した。世にいう「二十六聖人殉教事件」である。

このときも、フランシスコ会の修道士と信者だけを捕縛させる命令だったが、間違えてイエズス会のセミナリオ出身のパウロ三木《みき》、ディエゴ喜斎《きさい》、殉教直前に念願のイエズス会入りが許された十九歳のヨハネ五島《ごとう》など三人も捕らえられた。奉行の石田三成に対して処置方のうかがいが出たが無責任にも、

「判断はまかせる」

と三成は答えたので、秀吉に馴染みの深いイエズス会士まで犠牲となった。これは先述したフロイスの記述である。

慶長五年（一六〇〇）、日本にはイエズス会だけで司祭、修道士合わせて百九人も滞在し、五十ヵ所の天主堂があった。

この時期、すでに徳川家康は十年前から関八州《かんはっしゅう》の太守《たいしゅ》である。ただし、当時の日本の総人口は二千七百万人程度で、そのうち二千万人は西日本に住んでいたという。東日本は七百万人にすぎない。関八州といえども、その一部である。いかに関東に未開墾の大地が広がって

いたか想像がつく。

そして、二回目の秀吉による「伴天連追放令」は、徳川家康の関東開拓には追い風になるのだが、それについては次章で触れることにしたい。

第三章　徳川家康とキリシタン

関東入国の家康を支えし者

徳川家康は、天正十八年（一五九〇）八月一日に江戸へ入城したといわれるが、その年の六月に密かに家臣を江戸に派遣して、江戸と江戸周辺の様子を調べさせている。その報告には、

「江戸城下の町数は、縦十二町、横三、四町で、民家は点々と散在しているが、戦火で焼けて、はっきりつかめない」（内藤清成《ないとうきよなり》『天正日記』）

とある。これでは甲州《こうしゅう》に駐屯している家臣団八千名とともに入るには、その住まいの確保もおぼつかない。それほど江戸城下は狭くさびしかった。そこで家康の家臣団は、山手の土を切り崩し、その土で、当時、入り江だった現在の東京都千代田区日比谷《ひびや》付近を埋め立てる、大工事の必要に迫られた。

もとより上級の家臣は、家康とともに秀吉の居城の伏見《ふしみ》に詰めていたので、江戸に残った下級家臣のみで、これをやってのけるしかない。そこで、敗れた小田原北条氏《おだわらほうじょう》麾下《きか》の相模《さがみ》・武蔵《むさし》の家臣や千葉《ちば》氏や原《はら》氏など房総の武士団の牢人《ろうにん》が土木工事に動員された。

家康は関東入国とともに、各地の勢力を持つ有力寺社の所領を没収したが、

「新田を開発すれば、新田の分は与える」

と命じた。この大寺社への強気の姿勢は、家康の背後にキリシタン武士団が控えていたからではないだろうか。キリシタン勢力のない時代には想像もできない言葉である。今や寺社に付属していた武力集団は、刀や槍《やり》を鋤《すき》と鍬《くわ》に持ち替えて、新田開発をしなければならなくなった。

二度の豊臣秀吉の「伴天連《ばてれん》追放令」に脅えて、危険な西国《さいごく》から大挙して江戸の開発に移住したキリシタンも多くいた。しかも、徳川家康はキリシタンには寛大である。

家康は江戸の城下の整備のみならず、隅田川《すみだがわ》と江戸川《えどがわ》を直結させる小名木川《おなぎがわ》の整備などで、多くの西国人を呼び寄せている。土地の干拓や河川制御による新田開発は、西国のほうが進んでいたからだ。

小名木川は、摂津《せっつ》・枚方《ひらかた》（大阪府枚方市）の深川八郎右衛門《ふかがわはちろうえもん》以下が移住してきて開削したものである。枚方の地の対岸には、かつてジュスト高山右近の高槻領があり、南方にはマンショ三箇頼照の領地だった河内があり、これらもキリスト教が普及した地域である。

深川八郎右衛門以下は、徳川家康に誘われるまま関東に逃れてきて、小名木川の整備と深川の沼地の開拓をしたのではあるまいか。いずれにしても、これで葛飾《かつしか》、行徳《ぎょうとく》の塩が小名木川一本で江戸に運び込めるようになった。

同様に、淀川《よどがわ》支流神崎川《かんざきがわ》の中州で漁業をしていた佃島《つくだじま》の住民も大挙して江戸に来ている。

神崎川周辺もキリスト教普及地域である。しかも佃島の住人は当初、江戸城の武家屋敷に居住し、「大坂の両御陣では軍事の隠密御用」をしたというから、徳川幕府が開かれる以前から江戸に移住していたに違いない。現在も東京都中央区には「佃」の地名が残っている。江戸の市街地が海に向かって延び、それに従い佃の住人が現在の佃島に移住した証といえる。同じ中央区の箱崎《はこざき》は、九州福岡の箱崎の住人が移住した地という。

秀吉が亡くなると、五大老の筆頭となった徳川家康は、伊勢《いせ》に潜伏していたフランシスコ会のジェロニモ・デ・ジェズース神父を密かに京に呼び出し、マニラとの通商関係の樹立とスペイン船の関東渡航の斡旋を依頼した。依頼のなかにはスペインとの通交貿易と造船技師、鉱山技師の派遣も含まれており、見返りは江戸に教会を建てることの許可だった。

ただちにジェロニモ神父は、八人の日本人信者を連れて江戸に下り、教会堂の建設とマニラへの使節を編成する。八人のうちの一人で、教会堂建設のために江戸に残った笹田《ささだ》ミゲルは、古田織部から家督相続した古田重嗣《しげつぐ》の家臣だった。このことは実に興味深い。「織部《おりべ》灯《とう》籠《ろう》」とキリシタンの関係を示唆しているからである。

織部灯籠とは利休の高弟、古田織部作といわれる特殊な形をした灯籠で、「キリシタン灯籠」とも呼ばれる。灯籠の竿の下部に宣教師やマリア像を刻み、竿の上部の左右に四角いはみ出しを作り、十字架形を成している。竿と火袋を別の石で作ってあるのが本物の織部灯籠で、これは単なる灯籠ではなく、キリシタンの供養塔とされる。

この説には異論があり、それをカトリック教会は婉曲《えんきょく》に否定し、史学者は史料的裏付けがないと論外視する。

しかし、秀吉の亡きあとも「伴天連追放令」が続くなかで、作庭家で知られる古田織部家の家臣がフランシスコ会の教会建設のために下っているのである。そこには当然、織部灯籠も立てられたとしか考えられない。現に江戸には織部灯籠がいまでも複数残っており、隠れキリシタンの礼拝と関係するといわれる。

なお本書では原則として、「キリシタン灯籠」の名称を使うこととする。

江戸に建立された二つの教会

さて、江戸の教会は慶長四年（一五九九）、フランシスコ会によって建立《こんりゅう》された。「ロザリオの聖堂」と名付けられ、修道士館と付属病院を備えていた。場所は日本橋石町《にほんばしこくちょう》（東京都中央区日本橋小伝馬町《こでんまちょう》五番二号の十思《じっし》公園付近）である。しかし江戸の埋め立てが進むと、浅草《あさくさ》に移されることになる。移転先は、現在の台東区浅草橋《あさくさばし》三丁目十一番五号の甚内《じんない》神社付近と見られている。

このロザリオの聖堂付属病院は西洋式の治療をしたようで、後に伊達政宗の外国人の側室が病気になったとき、教会付属病院の医師が派遣されて快癒したと記録に残されている。

また、浅草には家康の六男、松平忠輝《まつだいらただてる》の下屋敷があり、子供の頃から付近のロザリオの聖堂に出入りし、キリシタン信仰に親しんだという。晩年の忠輝は、配流先の諏訪で薬の調合をして病人の治療を助けているが、その知識は、ロザリオの聖堂付属病院での経験によって培《つちか》われたのではないだろうか。

もう一つのイエズス会の教会は「江戸の入り口近く」にあると、『日本切支丹宗門史』の著者レオン・パジェスは書いているが、イエズス会の教会の場所は判明していない。現在の東京都新宿区牛込《うしごめ》、もしくは四谷《よつや》周辺説が有力である。

二つの教会の存在を見ても、江戸に多くのキリシタンが存在していたことが分かる。とくに病院が日本橋から郊外の浅草へ移転させられたことを考えると、爆発的な布教に成功したのではないかと思われる。

なお江戸周辺の開拓の指揮をとった関東郡代の伊奈忠次《いなただつぐ》は、次のような布告を出した。

「他所から来た牢人（浪人）で、元の主人と争って出てきた者は入れない。問題のない牢人（浪人）は誰でも移住してよろしい。望みの者は当地に移り、新田の開発に努めよ」

この触れによって江戸の周辺には、棄教しなかったキリシタン武士や領民が多く移住しただろうと、容易に想像がつく。

家康を動かした『未来記』の謎

　徳川家康はまれに見るほどの政治的天才である。それにしては関ヶ原合戦後の寛容さは解せない。関ヶ原から逃げ出した敗軍の島津家には、何の処罰も加えず、大坂城にいすわって東軍を脅かした毛利氏も転封《てんぽう》で済ませている。石田三成の一族でさえも根絶されたわけでもなく、娘は上州《じょうしゅう》・新田《にった》の満徳寺《まんとくじ》に入っている。この寛容さは、どこに由来するのか。

　通説では、すべてを徳川秀忠《ひでただ》遅陣に帰している。徳川総軍を率いる秀忠が上田城で足止めを喰い、関ヶ原の徳川軍は元豊臣派の大名の力を借りなければ勝てなかったゆえに寛容だったという。しかし、見落とされているのは、キリシタン大名十数家が徳川方に与《くみ》していたことである。

　当時のカトリック教会は宗教改革に対抗し、終末論を唱えることで信徒に恐怖心を抱かせて信仰を維持させていた。それはフランスのカトリック神学者ジャン・ドリュモーがその大著『恐怖心の歴史』（永見文雄《ながみふみお》・西澤文昭《にしざわふみあき》訳　新評論　一九九七）で指摘している。

　ドリュモーによれば、当時のカトリックは「終末」へのカレンダー、すなわち『未来記』と題する予言書を持っていた。来日したイエズス会の宣教師も『未来記』を持っていたはずである。それほど一般化していた。

その『未来記』を徳川家康も見るか、あるいはイエズス会士の口から聞いたはずである。その『未来記』によると、次のようにある。抄訳してみよう。

「一五七六年。この年彼ら（民衆）がその義務の限度を完全に超えて、上位の者に逆らって、大きな対立のうちに蜂起《ほうき》し、立ち上がるのが見られるだろう。しかしながら彼らの過ちは官職保有者の権威を大いにおとしめることになるだろう」

この一五七六年とは天正四年のことである。足利将軍を追い払った織田信長が安土城を構築した年で、それを朝廷は祝って内大臣に就任させた。「官職保有者の権威を大いにおとしめる」の予言通りとなった。

またこの時期、浄土真宗の僧、本願寺《ほんがんじ》顕如《けんによ》（光佐《こうさ》）が大坂石山《いしやま》に立てこもり、毛利輝元《てるもと》とともに織田信長に対抗したのも「大きな対立のうちに（民衆が）蜂起」との『未来記』の予言が当たったといえる。

文章が曖昧《あいまい》なだけに『未来記』の予言に、織田信長などは感心しただろうし、豊臣秀吉、徳川家康の感想も同じであったと思われる。

そして関ヶ原合戦の処分を終えた慶長七年について『未来記』には、

「一六〇二年。（この年は）民衆の憤怒、叛乱《はんらん》を恐れねばならない」

とある。

すなわち家康は『未来記』の予言を入れて、西軍の島津氏の所領を安堵《あんど》し、毛利氏は安芸から長門に転封か減封《げんぽう》で済ませたのではないか。島津氏と毛利氏の所領を奪って反乱を招くと、家康の天下は遠のくことになりかねない。

さらに家康は、常陸（茨城）の佐竹《さたけ》氏（五十万石）を出羽秋田《でわあきた》（二十万石）に転封したが、その地の遺臣の反発に悩まされてしまう。そこで慌てて、所領を奪った秋田実季《あきたさねすね》、相馬《そうま》義胤《よしたね》のそれぞれの子を再び大名に戻している。

この前後の家康は『未来記』を、あるいはイエズス会士の助言を重視していたとは考えられないだろうか。そのためか、関ヶ原合戦翌年の慶長六年（一六〇一）、家康は駿府《すんぷ》で修道院の建設用地をイエズス会に与えた。駿府は家康が隠居する予定の地である。

通説では、イエズス会の長崎貿易を家康のお膝元で把握するために、教会設置を許したといわれる。しかし、むしろ宣教師のアドバイスを必要としていたのかもしれない。

『未来記』は、キリスト教での悪魔の数である「6」を基準に足したり、割ったりして予言をしているが、これが後の島原《しまばら》・天草の乱に関係したかは分からない。

残念ながら『未来記』の研究は日本では進んでいないので、後半部分を知ることができないのである。

布教争いを前に下した家康の判断

家康は京・大坂など西国の布教にはイエズス会に朱印状を出し、関東の布教にはフランシスコ会を選んだ。いずれにしても、関ヶ原合戦の家康の勝利で、キリシタンには小春日和の穏やかな日々となった。この頃、関東には多くのキリシタンが「約束の地」を求めて、西国から流れ込んだ。

これをスペインでは日本でのキリスト教解禁と見たようで、慶長七年（一六〇二）の六月からは、スペイン系のドミニコ会とアウグスチノ会の修道士十五名が大挙して来日した。すでに徳川家康の下《もと》には、布教に関心のない英国人のウィリアム・アダムスこと三浦按針《みうらあんじん》という家臣があり、国際情勢の大きな変化を理解していた。

すなわち、スペインの無敵艦隊は英国のドレーク提督に敗れて、スペインは敗戦国となった。敗戦国は賠償金と戦費の返済に苦しみ、大国としての勢力を失う。この事実も徳川家康は、アダムスから告げられたはずである。アダムス自身がドレーク麾下の艦隊に属して、スペイン艦隊との海戦に参加していたからである。

敗戦国となり賠償金に苦しむスペインなどのカトリック諸派の来日は、布教をめぐる軋轢《あつれき》を生むことになる。その背景には戦勝国英国などプロテスタント（新教）諸国の台頭もあった。ヨーロッパでのカトリック（旧教）諸国とプロテスタント（新教）諸国の対立は、日本にもキリスト教受容をめぐって影を落としたのである。

布教をめぐる軋轢は徳川家康にとって歓迎すべき事態ではない。そして間もなく、宣教師たちは驚くべき情報に接することになる。同年の九月、家康はスペインのマニラ総督に書簡を送り、大略次のように宣言するのだ。

「外国船が暴風雨のために寄港しても積み荷は没収しないし、積み荷の売買・取り引きも、その土地も自由であり、外国人は日本のどこにでも住める。ただし、外国の法（キリスト教）を持ち込み、広めることは固く禁止する」

家康は外国との通交貿易は希望したが、加熱する一方の布教争いは禁止した。寺社勢力を関東開拓の力として利用する以上、キリシタン布教の分裂や混乱は歓迎すべきものではない。とはいえ、キリシタンをあからさまに叩くわけにもいかない。そこには、以下のような事情があった。

関東地方の原野の開墾は、伊奈忠次を百万石の代官にして、その配下に在地の事情に明るく、いくばくかの勢力のある地元豪族など百五十一人を家臣にして行われた。自然堤防の背後の広大な沼地を開拓して、耕作地を増やし続けさせたのだ。伊奈忠次も若いときに堺に三年間滞在しており、キリシタンから西洋の土木工学技術を学んだ形跡がある。その墓には十字の彫り込みがあるので、キリシタン、もしくはその理解者にちがいない。

そのかたわら、大久保長安《おおくぼながやす》も関東代官兼金山《きんざん》奉行として、佐渡《さど》、石見《いわみ》、伊豆《いず》などの金山開発に辣腕《らつわん》を振るっていた。大久保長安も播磨《はりま》の国は大蔵《おおくら》（兵庫県明石市）生まれで、武田氏に仕える前から宣教師と接触していた可能性がある。

武田氏滅亡後、大久保長安は徳川家康の下で、ポルトガル（スペインとも）伝来の水銀アマルガムによる金の抽出技術を使い産金量を飛躍的に増大させた。部下には播磨明石の永田《ながた》世右衛門《よえもん》の一党がいた。長安配下の労働者は四十万人といわれる。

これら関東代官のすべてがキリシタンを多く抱えている。宗派争いが起きれば徳川家の統一にひびが入る。徳川家康の息子にも孫にもキリシタンはおり、譜代の重臣にも本多正信と正純親子のように、キリシタン贔屓《びいき》の者は多い。もちろん大奥にもいる。

それは江戸城の普請を命じられた諸大名も同様だった。たとえば豊前国中津《ぶぜんのくになかつ》の黒田《くろだ》家は、藩祖の官兵衛《かんべえ》がシメオンの霊名を持っていた。また、江戸城普請の石垣を相模・真鶴《まなづる》（神奈川県真鶴町）で監督した、家臣の後藤又兵衛《ごとうまたべえ》もキリシタンだった。もとより、大坂城の豊臣秀頼もイエズス会の宣教師を親しく呼び、豊臣方の有力大名にもキリシタンはたくさんいた。

ただし、徳川家康の名誉のためにも記しておくが、家康は宣教師を一人も殺していない。

豊臣家を滅ぼした大坂の夏・冬の陣にイエズス会宣教師は大坂城に籠城したが、殺すことはなく追放である。これが権現様の祖法だった。

家康を弾圧に反転させたもの

ところが思わぬことが家康の決断をうながした。

徳川家康が征夷大将軍に就任したのは慶長八年（一六〇三）二月十二日である。その日、伏見城の家康のもとに勅使が訪れて、将軍宣下《せんげ》を告げた。これで三月からは天下人として、江戸城下の普請を諸大名に命じている。

ところが明けて慶長九年（一六〇四）十二月十六日、東海、南海《なんかい》、西海道《さいかいどう》をマグニチュード七・九の大地震が襲った。関東地方では津波の被害が凄まじく、東京湾の館山《たてやま》付近では、いったん海の水が引き、魚が砂浜の上でバタバタと悶え、それを手づかみで拾う人々を巨大な津波が呑み込み、人家さえも海に引きずり込んだという（『慶長見聞集《けんもんしゅう》』）。

この衝撃は大きく、またも「天譴《てんけん》思想」が家康を襲ったが、今や天下人となった家康は、すぐには寺社勢力の抗議には屈しなかった。それよりも被災からの復旧が先である。

それでも翌慶長十年（一六〇五）家康は将軍職を退き、二代将軍秀忠の時代となった。その十二月には、江戸でのフランシスコ会修道士による宣教を禁止した。すでに江戸には三、四千人の信者がおり、浦賀《うらが》にも教会堂があった。これは事実上、フランシスコ会への関東布教禁止である。

明けて慶長十一年(一六〇六)には、関東総奉行内藤清成が罷免され、関東郡代伊奈忠次も事実上実権を奪われ、その四年後に六〇歳で亡くなっている。将軍秀忠の時代とともに江戸周辺のキリシタンは庇護者を失ったのである。

不思議なことに、その後、伏見城で家康は、日本のイエズス会の筆頭であるルイス・セルケイラ司教の謁見を受け、江戸に赴《おもむ》いて将軍の秀忠にも謁するようにすすめた。翌年、家康は駿府に移り、駿府城の築城を始めさせたが、ここでもイエズス会の準管区長のフランシスコ・パシオの謁見を受けている。

家康はイエズス会を信頼し、最後まで迷ったように思える。寺社勢力への配慮、キリシタンの真面目さへの共感と信頼、それゆえにある豊臣太閤恩顧のキリシタン大名、武士への不安。家臣団のなかのキリシタンをめぐる対立。ポルトガル、スペイン、オランダ、英国との関係……。それは貿易への誘惑と布教による不安のあいだでの揺れである。

そして、ここに決定的な決断をさせる事件が発生する。

マカオで御朱印船主の大名、有馬晴信の家臣が現地人に殺されるという事件が起きた。家康は事情を知ろうとするものの、マカオの責任者は事件の説明に来日しない。家康は御朱印を愚弄するものと受け取り、有馬晴信にポルトガル船の奪取を命じた。

この家康の命令は慶長十四年（一六〇九）十二月、有馬晴信が、長崎奉行の長谷川藤広《はせがわふじひろ》、代官の村山等安《むらやまとうあん》と連携して、ポルトガル船グラッサ号を捕獲した事件へとつながった。グラッサ号の船長は抵抗して、火薬庫に火を放ち自沈した。

このグラッサ号自沈事件は、二年後、家康のキリシタンへの信頼を瓦解させた。家康の側近の岡本大八《おかもとだいはち》と有馬晴信のあいだに詐欺と賄賂事件があったことが発覚し、有馬晴信による長崎奉行殺害計画までもが露呈したのだ。

家康にとって衝撃的だったのは、岡本と有馬がともにキリシタンだったことである。篤行《とっこう》で知られるキリシタン武士が、賄賂や詐欺をしたあげく奉行の殺害を計画していたのだ。事ここに至って家康も決断せざるを得ない。

家康の苦悩の決断

駿府には前年、フランシスコ会とイエズス会の教会が建てられ、城内にまでイエズス会の教会があり、城下にはキリシタンが五百名ほどいた。にもかかわらず、家康は家臣団のキリシタン禁制令を発したのである。

ただちにキリシタン探索の部隊が編成され、幕臣のキリシタン十四人を摘発、信仰を捨てなかった者を追放した。そのなかに千五百石の家康近習のヨハネ原主水《はらもんど》が含まれていた。家康の奥女中にも信者がおり、朝鮮出身のジュリア・オタア（ドーニャ・ジュリアとも）をはじめルチア、クララなども棄教しないので伊豆七島に島送りにされた。これも追放である。

家康はキリシタンの命を奪うことまではしない。すべて追放であり、原主水も岩槻《いわつき》の親戚、粟飯原《あいはら》氏の下に潜伏したが、そこまで家康は探索させなかった。原主水が江戸で宣教をして焚刑《ふんけい》に処せられたのは、三代将軍家光の時代である。

ジュリア・オタアも伊豆七島に流されて、今でも神津島《こうづしま》にはオタアの墓なるものがある。しかし家康の死後、一両年にしてジュリア・オタアは、長崎のイエズス会慈悲の組に迎えられて、その後は大坂に生存していたことが確認されている。

厳しい処分を受けたのは、家康近習の岡本大八に賄賂を贈り、長崎奉行の暗殺を企てた有馬晴信だ。甲斐に送られ、切腹を命じられた。当の岡本大八は、慶長十七年（一六一二）三月二十一日、駿府市中を引き回しのうえ、火焙《ひあぶ》りに処せられた。この日をもって徳川家康は、幕府領に禁教令を発した。

江戸ではフランシスコ会の教会と修道院が破却されたが、名目上は道路拡張や船寄せ場築造工事として、教会付属の病院は残したらしい。長崎も幕領なので教会は破壊されたが、慈悲の組の病院は残された。家康はどこまでも現実的で、有用なものは残した。

京の教会は、京都所司代板倉勝重に破却を命じた。しかし、板倉勝重はキリシタンに好意を持つ人物である。このときも、

「伏見・京のキリシタンの名簿を作成せよ」

との幕府の命にも応じず、

「教会の破却命令」

も柳に風と聞き流した。板倉勝重は家康のご落胤《らくいん》ともいわれるが、それだけにキリシタンを弾圧する理由も必要もないと判断して、幕府の指示を平然と無視できたのだろう。

歴史の波間に消えた一人の高僧

全国的な禁教令は慶長十八年（一六一四）十二月二十三日に発せられた。

江戸の筆頭年寄で小田原城主の大久保忠隣《おおくぼただちか》が、キリシタン禁圧総奉行として京に派遣される。これは二代将軍秀忠の命であることを意味する。大久保忠隣が翌慶長十九年（一六一五）に上洛《じょうらく》すると、江戸から戻った板倉重昌《しげまさ》は父の所司代である勝重に、

「今回の禁教令は、本気のようで避けられない」

と伝えた。所司代板倉勝重は、浄土宗の晃誉牛存《こうよごそん》という高僧を交えて相談した。晃誉牛存

とは、知恩院門主《ちおんいんもんしゅ》の尊照《そんしょう》や霊巌《れいがん》（江戸に霊巌島の名を残す）と千葉大巌寺《だいがんじ》で同学の高僧なのだが、人名辞典の類《たぐい》にはまったく掲載されていない。千葉大巌寺の一般向け由緒書からも削除されているほどである。わずかに明治三十六年刊の『日本仏家人名辞書』（光融館）に収録されているが、伝は「詳《つまび》らかならず」とある。

実在した人物であることは確かで、『増上寺史料集』収録の元禄《げんろく》九年（一六九六）の「伏見・光照寺《こうしょうじ》」の書き上げによれば、

「京都所司代板倉伊賀守（勝重）殿より、浄土宗法度《はっと》を渡され知恩院門中を伏見にて下知（命令）すべく」

と記されている。よほど板倉勝重の信頼厚く、徳川家康とも親しい存在だったと思われる高僧なのだが、その伝は「寛永十八年、九十歳にて遷化《せんげ》」としかない。何かキリシタンとかかわりがあったのだろうか。

思い当たるのは、イエズス会の教区管区長、フランシスコ・ヴィレラが京に滞在したとき、わずか三ヵ月で百人の信者を得たが、そのなかには禅僧が一人、仏僧が十五人もいたという。そのなかに、牛存もいたのかもしれない。

それはともかく、この慶長十八年、二代秀忠将軍の時代は、京の浄土宗の筆頭は知恩院ではなく、伏見の光照寺だったのである。

知恩院が浄土宗総本山として、今日のような巨大な伽藍《がらん》を構えたのは、三代将軍家光になってからである。何もかも江戸時代の初期は、後の中期や後期とは違い、風景さえまったく想像とは異なる。

さて板倉勝重は、浄土宗の牛存上人などと検討して、死者を出さないことに決めた。そして信者七千人のうち四千人のみを登録し、そのうち大久保忠隣には千六百人分を提出した。追放を命じられている宣教師のうち、三人を潜伏させ、「キリシタン処刑」を主張する大久保忠隣に反対して、転宗しない者は追放のみにするように説得した。

この慶長十八年のキリシタン禁令で、棄教しなかった京・大坂のキリシタンは津軽に流された。時の藩主である津軽信牧《つがるのぶひら》は、十二歳で洗礼を受けたキリシタンであり、それゆえに京・大坂の信者を引き受けたのである。

津軽に送られた信者は合計六十六名。そこには、関ヶ原合戦で石田方について敗れた宇喜多秀家の家臣が四十二名、他に貴族信者二十四名がいたという。

なかでも宇喜多家の上級家臣の一行は、弘前城《ひろさき》三の丸に宇喜多の旧領にちなんだ「備前《びぜん》町」を作り、そこに住まわせた。他の人々は、鯵《あじ》ヶ沢《さわ》の湊《みなと》と弘前を結ぶ一帯に散在し、たとえば鬼沢《おにざわ》（弘前市）の荒れ地を開墾することとなった。津軽追放の一行は晴れ姿となって、越前まで歩き、そこから舟で津軽に向かったと伝えられる。政変で、キリシタン奉行大久保忠隣が失脚して京から去ると、板倉勝重は知らぬ顔を決め込んだ。

それでは、なぜ、この慶長十八年、徳川家康は「全国禁教令」を出したのだろうか。

通説では、大坂の陣を控えてキリシタン勢力を排除するためだったという。その動機は何だったのだろうか。なぜ、排除しなければならなかったのか。しかも、関ヶ原合戦でキリシタン大名は東軍となって、家康の先陣となり戦っている。そこには見落とされている動機が一つある。

家康がもっとも恐れた悪夢

晩年の徳川家康が恐怖したのは一向一揆《いっこういっき》の悪夢ではなかったか。

百万石とも百二十万石ともいわれた徳川家の蔵入地《くらいりち》（直轄領）は、この頃になると二百万石に倍増していた。関東入国以来、絶え間ない新田開発で少なくとも六十万石は増えたといわれる。あまり注目されることはないが、この規模での新田開発の数字は日本の歴史上初めてのことである。

たとえば平安時代前期の延長年間（九二三〜九三一）の耕地面積は八十六万二千町歩《ちょうぶ》で、約四百年後の室町時代初期（十四世紀）でも、九十四万六千余町歩になったに過ぎない。四百年間で一割にも満たない増え方だ。ところが戦国時代になると歴史上初めて、河川を整備して大規模な新田開発が進んだ。とくに盛んだったのが北陸である。北陸の黒部川《くろべがわ》は、河口で乱流して四十八瀬と呼ばれたほどだが、この分流を整備して、水路に変えて新田を開発したのが、北陸の一向宗門徒である。

この分流の整備と沼地の干拓と耕地整備には、国人領主（土豪）も一向宗門徒として同行衆《どうぎょうしゅう》となり、農民とともに汗を流し、金を出して参加した。もともと北陸一帯は、白山《はくさん》神社領や興福寺《こうふくじ》領なのだが、農民も武家（土豪）も真宗《しんしゅう》（一向宗）門徒として、昂揚した精神で新田開発を次々と行った。

そうなると農民と土豪が真宗門徒として開拓した地から、白山神社や興福寺、加賀守護に年貢を取られるのは不条理である。加賀守護も白山神社も興福寺も、何の援助をしてくれたわけではない。その不条理さが真宗門徒の一向一揆となって、加賀守護の富樫《とがし》氏を切腹に追い込んだ。そして、加賀一国は真宗門徒の王国となり、織田信長とも対峙《たいじ》したほどである。

これが一向一揆の姿である。

弱冠二十二歳の頃の家康も、三河の一向一揆に半年ものあいだ悩まされた。それも北陸と同じで、矢作川《やはぎがわ》を改修して新田開発を行った家康家臣の一向宗の武家と農民が、その新田の所有権と租税をめぐって起こした叛乱だった。そのため若き家康の家臣団も真っ二つに割れたのである。一向一揆が吹き荒れた地が、いずれも北陸、大坂、三河など大河川を控えた地域であることは、新田開発が関係していたことを示す。

今、家康の下で関八州の新田が倍増して、佐渡、伊豆、石見などの鉱山の産金量も莫大に増えた。それら新田開発と鉱山開発で働いている多くの人々はキリシタンである。伊奈忠次も、大久保長安も西国のキリシタンを庇護して動員している。

大坂に立てこもる豊臣秀頼を中心としたイエズス会信者との対決を前に起きる、キリシタン一揆――。それを大御所となった徳川家康は恐れたのではないのか。

家康の死をもって始まった迫害

これは根拠のないことではない。慶長十八年、佐渡金山奉行の大久保長安に不正ありとして駿府に呼び、間もなく長安が死ぬ（毒殺と思われる）と同時に、家康は家宅捜索を命じた。そして、「キリシタン勢力による謀叛《むほん》の計画があった」と家臣は声高に叫んだ。いや、叫ばせた。

そのことは当時、来日中のイギリス商館長リチャード・コックスの耳にも入っている。そのコックスの日記、元和二年（一六一六）には、

「大久保長安が首謀者で松平忠輝と共謀のうえ、徳川家転覆を企てていた」

「徳川家康と松平忠輝とが戦争を始めるらしい」

との噂が記されている。しかしコックスは松平忠輝とも親しかったようなので、それがデマであることを知っていた。

「大久保長安がキリシタン国を実現するため、九州のキリシタン教徒とポルトガルの出兵で徳川幕府を倒す」

「南蛮の軍隊を呼び寄せ、将軍秀忠を罷《ひ》免《めん》したあと、松平忠輝を国王に推戴し、大久保長安を関白の職につかせる」

こちらは日本で記録されている大久保長安謀叛の説だが、いずれにしても信憑性《しんぴょうせい》はない。敗れた甲斐・武田家の勘定方の大久保長安としては、代官頭として縦横に腕を発揮できるだけで十分なはずで、キリシタン蜂起の煽動《せんどう》など考えるはずもない。冤罪である。

長安が石見銀山に奉納したと伝えられる仏像や仏塔の胎内に十字架が隠されているものがある。これは長安の配下のキリシタンへの配慮であり、噂は長安配下のキリシタンへの徳川家康の不安を反映したものに過ぎない。

いずれにも長安の死後の処罰理由として、「ポルトガルや南蛮の兵力」なる言葉が出てくる。これは徳川家康の罪責観が生み出したものと思える。キリシタンが無害なことを知り、布教を許可したのだが、その約束を岡本大八と有馬晴信が反故《ほご》にした。いかにも家康は、西国のキリシタンを利用したような結果となり、その恨みを買うこと必定である。松平忠輝が噂に登場するのは、その家老が大久保長安であり、忠輝が親キリシタンだからだろう。
いずれにしても、大久保長安の死で、キリシタン関係者に大きな恫喝を与えて一揆を防ぎ、家臣団の統一を成し遂げた。ただし、キリシタンは濡れ衣を着せられたのである。徳川家康のキリシタン迫害とはこの程度のものだが、これから「キリシタン禁令」の時代となる。

元和二年（一六一六）四月、徳川家康は駿府で没した。明けて三年四月、家康を日光に改葬して東照大権現として祀《まつ》る。この家康の死をもって過酷な迫害は始まった。

その序曲が、キリシタンに寛容な福島正則の川中島二万石（長野県上高井郡高井村）への蟄居《ちっきょ》である。そして、元和五年（一六一九）八月二十九日の幕命で、板倉勝重は四条河原でキリシタン六十名を火刑に処す立場に追い込まれた。

このときも伏見の牛存に相談したのだろう。板倉勝重は丸太の処刑柱を廃して、代わりに二十七本の十字架を刑場に立てさせた。二十七本という聖数（『新約聖書』は二十七巻からなる）の十字架での昇天を、せめてもの供養としたのである。

その翌月、勝重は京都所司代を辞職し、その子、重宗《しげむね》に譲ってしまった。よほど自分の職責に嫌悪を抱いたに違いない。

かくてキリシタンにとって苦難の日々が始まる。

第四章　隠れキリシタンの苦難の日々

南町奉行の与力の素顔

徳川家康の近習で、駿府から追放されたヨハネ原主水は、もともと千葉氏の一族であり、下総国臼井《うすい》城主の嫡男《ちゃくなん》である。

豊臣秀吉の小田原征討のとき、臼井城は徳川家康麾下《きか》の酒井家次《さかいいえつぐ》の軍勢に囲まれて、城主の原胤義《はらたねよし》は降伏して開城。その嫡男の原胤信《たねのぶ》は、家康に取り立てられて千五百石の近習、原主水となった。

原主水がいつ入信したかは不明だがヨハネ原主水となり、その後、家康からの棄教の命令を拒否して駿府から追放された。それでも布教をやめないので、額に十字架の焼き印を押され、手足の指を切られて再度追放された。

岩槻の親戚、粟飯原氏宅に隠れていたが、再び江戸で説教をして捕らえられた原主水が、焚刑《ふんけい》に処せられたのは三代将軍家光の時代である。このヨハネ原主水の末裔《まつえい》、原家十三代目が江戸南町奉行所与力の原胤昭《たねあき》である。

原胤昭は明治初年に横浜に教会ができると、真っ先にキリスト教会を覗きに行き、秘密文書を買うようにして南太田《みなみおおた》の本屋で『聖書』を買い求めた。まだキリスト教の布教が許可される前で、教会は日本人立ち入り禁止だったが、物珍しいので見物人も多く、そこへ紛れ込んだ。ちなみに明治政府がキリスト教禁令を撤廃したのは、明治六年（一八七三）である。すると原胤昭は翌年洗礼を受けて、宣教師の依頼で銀座に本屋を出した。原自身の言葉によれば、その本屋の名前は、

「切支丹《きりしたん》、伴天連《ばてれん》本屋十字屋」

高々と十字架の看板を上げて、その店先で楽譜も読めない原胤昭がオルガンをブカブカと鳴らしたのだが、オルガンの聖歌の美しい音色は原家に伝承されていたらしい。この十字屋は、現在も東京の銀座に楽器店、銀座十字屋として名を残している。

その後、原胤昭はキリスト教徒として、自由民権運動や女子教育、囚人の更生運動に奔走尽力した。

この原胤昭の家系は、江戸町奉行所与力の時代から有名で、

「私の親戚に原というのがあります。これも与力ですが基督教《キリスト》の信者としてはずいぶん古い方です」

と元与力の都築成幸《つづきなりゆき》の回顧録に記されている。殉教《じゆんきよう》したヨハネ原主水の家は、江戸町奉行所与力筋として幕末まで残ったのみならず、キリシタンでも知られていたのである。すなわち南町奉行所には、隠れキリシタンの与力がいたことになる。

明治になってからの原胤昭は、自らの名を「ハラ・インショー」と漢音読みし、早口で

「ハライソ（パライソ＝天国の日本訛《なま》り）」と洒落《しゃれ》ていた。

ことほど左様にキリシタンの弾圧といっても、キリシタンが日本から根絶されたわけではない。その信仰は家の伝承として幕末まで続いた。

そのなかには隠れキリシタンも含まれており、原胤昭の例のように奉行所では誰でも知っていながら、素知らぬ顔をしていたのである。原胤昭を隠れキリシタンと呼ぶのは、大げさという人もいるかもしれない。しかし、次のエピソードは、江戸の思わぬキリシタンの土着ぶりを物語る。

「国学」を作ったものとは

原胤昭は、十人兄弟の末子で、嘉永《かえい》四年（一八五一）に十三歳で南町奉行所与力となった。姉の夫の祖父は平田篤胤《ひらたあつたね》だった。いうまでもなく平田篤胤は、平田国学の創始者である。外国からもたらされた価値観を否定し、純粋な日本文化の復活を主張する平田国学こそ、幕末の志士たちを鼓舞した。

平田篤胤は、秋田藩士の家に生まれ、備中松山《びっちゅうまつやま》藩士の養子となって独学で国学を学び、文化《ぶんか》九年（一八一二）『霊能真柱《たまのみはしら》』を出版。門人は五百三十三人に達したが、幕命で天保十二年（一八四一）、秋田へ帰国を命じられた。その二年後の同十四年に六十八歳で没する。

その間、江戸では「天狗にさらわれた体験を語る少年」や「知らぬ間に空を飛んで江戸にやって来た京の商人」など奇々怪々な出来事があり、それを平田篤胤は大真面目に記録している。幕府が篤胤の秋田帰国を命じたのは、その思想に何か不審なものを嗅《か》ぎつけたからだろう。もとより不審とは、キリシタンとの関係である。

実は平田篤胤は、その独自の国学を樹立するために国禁の書である『聖書』を読んでいたようだ。これは江戸南町奉行所の知るところとなって話題になり、語り草になっていた。平田篤胤の没後、まだ少年の与力、原胤昭でさえもが知っていた。

そうした平田篤胤の養子筋とはいえ、南町奉行所与力の姉が嫁いでいるのである。そこで原胤昭は、姉に頼んで個人的な興味から平田家に密かに問い合わせた。

「平田家には『聖書』があるのか？」

と。その答えは「イエス」。そこで原少年は小躍りして内密に平田家から『聖書』を借り出した。ところが漢文の『聖書』なので、

「無点の漢文は読めないから、すぐ返した」

と回想している。さすが原主水の家を継いだだけあり、原胤昭は少年の頃からキリスト教に興味があったようで、いかにも隠れキリシタン的である。

先祖の原主水の父は臼井城主だったが、同じ千葉一族に平田城主がいた。原家と平田家と

は、戦国時代からの長い交遊関係があったのかもしれない。

原胤昭が先祖の原主水のキリスト教に興味を持ったように、平田篤胤も同様の理由で『聖書』を読んだ可能性も高い。隠れキリシタンの連絡網の存在を示唆しているかのようだ。『聖書』から示唆を受けた平田国学は、明治初期には宗教的な部分は抹消されて、天皇を中心とする国粋思想のみが肥大させられて国教のようになった。ここにも隠れキリシタンの悲劇を見ることができる。

和算とキリシタンの関係

ところで家康の関東入国初期から、江戸には伊勢（三重県）の人々が移住していた。「江戸に多いのは伊勢屋、稲荷《いなり》と犬の糞」といわれるほど伊勢の商人が、家康以前から江戸湊《みなと》（隅田川河口地域）を通じて江戸周辺一帯で商売をしていた。それら散在する伊勢商人を江戸城下に集めたので、伊勢屋だらけに見えるようになったに過ぎない。

この伊勢も、豊臣時代に蒲生氏郷が入部する以前からキリシタンが多かった。秀吉のために長崎で焚刑に処せられた二十六聖人のうち二人は伊勢出身である。

近年、戦国時代のものと思われる人骨が江戸湊の跡（現在のＪＲ新橋駅付近）で発掘されているが、すでに首から十字架を下げて埋葬されており、家康の江戸入り以前よりキリシタンが往来していたことを物語っている。

それだけではない。江戸城の普請では、伊豆や箱根《はこね》山系・真鶴の石を切り出して石垣にしたが、この硬い石を加工する技術は西国《さいごく》にしかない。石工で有名なのは近江や瀬戸内海沿岸や小豆島の石工だが、ここはイエズス会の布教地である。

とくに小豆島の石工は、代官がマンショ三箇頼照、居候が高山右近の時期があり、敬虔《けいけん》なキリシタンを多く出した。キリシタン弾圧とともにキリシタンの石工は、信州高遠《たかとお》の内藤家や真田家を頼ることとなる。

この地域には江戸時代になると、一気に精巧な刻みの道祖神《どうそじん》などが増える。道祖神のなかには、西洋人風のマント姿の宣教師像らしきものまである。

この石工たちは、石仏作りの需要などで江戸にも流入した。江戸時代になると関東一円で、硬い花崗岩《かこうがん》や安山岩《あんざんがん》を加工する石工の技術が飛躍的に進歩して、隠れキリシタンの隠し記号（十字などの隠符《いんぷ》）を刻んだ地蔵や石仏などの石像が増えることとなった。

ここで、見落とされがちなことがある。江戸時代の天下普請などで造られた城のゆったりした曲線のある石垣は、高度な数学的な計算を必要とする。すなわち日本独自とされている「和算」の成果である。

これもまたキリシタンの産物であることが、解明されつつある。

江戸城や大坂城、名古屋城の石垣は、美しい曲線を描いて堀から組み上がっている。この石垣は、石を切り出した土地で成形されて、隅石《すみいし》（石垣の隅の石）は微妙な角度をつけて、築城現場まで二隻の舟で吊るされて運ばれた。

この隅石の微妙な反《そ》りを持つ角度は、石切り場（石丁場《いしちょうば》）で指図された角度に加工するのだが、その角度の計算方法は各大名家ともに秘伝・口伝で伝えられた。もちろん和算で算出される角度なのだが、これが下手だと築城中に大雨などで崩れてしまう。和算も戦国の余燼《よじん》冷めやらぬ頃は、軍事技術だったのである。築城術のみならず、出陣の際の兵站《へいたん》部門で、糧秣《りょうまつ》や草鞋《わらじ》の数などを計算するうえでも、必須の軍事技術だった。

これに飛び抜けていたのが加賀《かが》の前田利家で、自らソロバンを弾いたという。おしなべてキリシタン大名やキリシタンを庇護した大名は計算が得意だった。

城の隅石の角度も同じで、計算に明るくないと失敗する。和算は日本で独自に作られたものと考えられていたが、和算の確立に大きな貢献をしたのは宣教師である。イエズス会のイタリア人宣教師、カルロ・スピノラ（一五六四〜一六二二）という。

スピノラは慶長七年（一六〇二）、長崎に上陸し、島原半島の有馬に三年弱滞在していたが、有馬のイエズス会の教育機関コレジオやアカデミアで数学と天文学を教えていた。ドイツの天文学者でグレゴリオ暦の提案者クラヴィスのもとで学んだスピノラは、マテオ・リッチと同門の数学者であり天文学者だった。

マテオ・リッチは中国で『漢訳聖書』や数学の教科書を出版したが、日本には禁書として輸入されなかった。しかし、スピノラの滞在した有馬では、イエズス会のコレジオの日本人学生はラテン語を使い、数学も学んだ。

慶長十年（一六〇五）に京に上ったスピノラは、京の南蛮寺にアカデミアを設立して、数学と天文学を教えたが、このとき数学を学んだ日本人も多い。江戸城の石垣が美しい曲線を持つようになったのは、この弟子たちの成果としか思えない。

この弟子のなかに、後に『割算書《わりざんしょ》』を書いて「割算天下一」と称された毛利重能《もうりしげよし》、さらに『諸勘分物《しょかんぶもの》』という算書を書いた百川治兵衛《ももかわじべえ》がいた。「江戸期和算の祖」といわれる二人である。

今も残る数学力による仕事

毛利重能は、摂津武庫郡瓦林《せっつむこぐんかわらばやし》（兵庫県西宮市甲子園付近）に生まれたことしか分からない。生没年不詳である。豊臣氏に仕え大坂城中にいたのだが、豊臣氏滅亡後は牢人《ろうにん》として江戸に出て、その前後は京に住んでいたようだ。家康による天下普請の石垣の計算に動員されたとも考えられる。そして、カルロ・スピノラが元和八年（一六二二）、大殉教で火刑に処せられた年、毛利重能は『割算書』を出版した。あたかも師の鎮魂のごとく。

もう一人のスピノラの弟子である百川治兵衛も、生涯は明瞭《めいりよう》ではない。それでもキリシタンの疑いで入牢したことがあり、佐渡に住んだことが分かっている。このように江戸期「和算の祖」と仰がれる人の多くが、キリシタン宣教師に学んでいるのである。

世界遺産の姫路《ひめじ》城の石垣とて、キリシタンの宣教師と日本人信者の合作であることを忘れることはできない。その証拠に石垣の刻印のみならず、櫓《やぐら》の瓦に十字架（クロス）が一つ入っている。だからこそ世界遺産にふさわしいのかもしれない。

さらにスピノラに学んだ毛利重能の弟子に、吉田光由《よしだみつよし》、今村知商《いまむらともあき》、高原吉種《たかはらよしたね》の三人がいるのも興味深い。吉田光由は和算のベストセラー『塵劫記《じんこうき》』の著者であり、家康の下《もと》で活躍した貿易家にして土木家でもある角倉了以《すみのくらりようい》、素庵《そあん》親子の一族にあたる。吉田光由の数学的知識なくして、角倉一族の活躍と繁栄はなかったのである。

吉田光由と角倉一族の合同の仕事が今も残っている。京は嵯峨野《さがの》に流れこむ菖蒲谷隧道《しようぶだにすいどう》である。

嵯峨野の背後には標高二百十メートルの京見峠《きようみとうげ》の山が迫り、渇水に悩まされていた。そこで京見峠の裏側を流れる清滝川《きよたきがわ》をせき止めて菖蒲谷池を造った。このとき、菖蒲谷池から高低差八十五メートル、総延長二百メートルの隧道を掘って、京見峠の山中を嵯峨野に通水した。計算は吉田光由で、工事は角倉一族。この隧道の水によって、嵯峨野の広沢池《ひろさわのいけ》、大沢池《おおさわのいけ》の水は、今も涸《か》れることはない。

吉田光由の師が宣教師スピノラに学んだ毛利重能であり、角倉了以と素庵親子も隠れキリシタンの色彩が濃い。了以の娘、素庵の妹はキリシタンで知られる医師の曲直瀬道三の養子に嫁いでいる。道三の養子は岡山藩主、池田輝政の侍医である。

了以、素庵親子と夫婦の墓は京都二尊院《にそんいん》にあるが、それは蒲鉾形《かまぼこがた》でキリスト教の墓を連想させる。おそらく隠れキリシタンだったと思われるが、もともと「角蔵」と書いた姓を「角倉」に変えたのは、京都所司代、板倉勝重から「倉」の字を賜《たまわ》ったからだと『板倉政要』が伝えている。また金座《きんざ》（金貨鋳造を行った組織）の後藤家なども同族なので、幕府とは深い関係にもあり不問に付されたと思われる。

祇園祭の山車《だし》に帆柱の鉾《ほこ》を立て山鉾《やまぼこ》にしたのは、南蛮貿易家でもあった角倉親子の創意だともいう。この一族からは、豊臣秀吉から疎まれ、切腹を命じられた連歌師《れんがし》の里村紹巴《さとむらじょうは》、後には儒学の京都学派を代表する伊藤仁斎《いとうじんさい》などが出た。

ルネサンスを経験したキリスト教の影響は、隠れキリシタンを通じて日本の学芸にまで深い影響を与えたのである。

偉大な数学者の正体

さて、スピノラの弟子、毛利重能に学んだ今村知商は、河内・狛庄《こましょう》（大阪府）の人である。こちらは面積・体積を求める教科書『竪亥録《じゅがいろく》』を書いた。

毛利重能の弟子のなかで、もっとも謎だらけなのが高原吉種である。江戸「和算」の大成者、関孝和《せきたかかず》の師なのだが、まったく経歴が分からない。そうなるとキリシタン関係者である可能性も一考すべきだが、それどころか最新の研究では、衝撃的な説が出ている。高原吉種とは、潜入した宣教師ジョセッペ・キアラその人だという。

寛永二十年（一六四三）、マカオの教会から奄美大島《あまみおおしま》に上陸したイエズス会士一行五人は、ただちに捕らえられて、江戸は小石川《こいしかわ》（東京都文京区茗荷谷《みょうがだに》）の切支丹屋敷に送られた。時に正保《しょうほう》三年（一六四六）のことで、一行五人は小石川切支丹屋敷の最初の入牢者となったが、厳しい拷問の末、ほとんどが転宗した。いわゆる「転び伴天連」である。

なかでもジョセッペ・キアラは素直に転宗したので、岡本三右衛門《おかもとさんえもん》の名を賜った。岡本三右衛門は斬罪に処せられたばかりの御徒《おかち》の名で、三右衛門の後家もキアラに妻として与えられた。岡本三右衛門となったジョセッペ・キアラは、十人扶持《ぶち》で下男下女を持つ身だが、切支丹屋敷から一歩も出ることが許されない。

やがて、このジョセッペ・キアラ岡本三右衛門は、再び信仰の道に立ち上がる。そして、下男下女をキリシタンに改宗させたことが判明して、以後、キアラ岡本三右衛門は四十年余り、八十八歳で没するまで監禁された。その間、同行した残りの四人の宣教師は全員牢死している。

そのジョセッペ・キアラ岡本三右衛門こそ高原吉種で、関孝和の数学の師匠である。この説は伊達宗行《だてむねゆき》大阪大学名誉教授も、著書『「数」の日本史　われわれは数とどう付き合ってきたか』（日本経済新聞社　二〇〇二）で肯定している。

関孝和は世界に伍する「和算」の確立者として知られ、幕府勘定吟味役、六代将軍徳川家宣《いえのぶ》の西《にし》の丸御納戸組頭《まるおなんどくみがしら》（将軍近侍）にまでなった。その割に素性が曖昧《あいまい》であるのは、高原吉種＝キアラ岡本三右衛門に学んだゆえだろうか。

関孝和は生年からして不詳で、寛永十二年（一六三五）から二十年（一六四三）生まれと推測されている。生地も藤岡《ふじおか》（群馬県藤岡市）と江戸との二説あり、本姓は内山《うちやま》氏で関家へ養子として入ったことは判明している。養子先の関新七郎久之《しんしちろうひさゆき》が重追放となり、家が断絶していたからである。これだけ分かっているのに生地も生年も不詳なのは、いかにも幕府のキリシタン禁制下の人物らしい。

なお、関孝和は宝永五年（一七〇八）、五代将軍徳川綱吉《つなよし》が没する直前、病死した。年齢は不詳で、牛込弁天町《うしごめべんてんちょう》（東京都新宿区）の浄輪寺《じょうりんじ》に葬られた。

一方、岡本三右衛門ことジョセッペ・キアラは、小石川の切支丹屋敷に幽閉されていたとはいえ、ここはキリシタン奉行の井上筑後守政重《いのうえちくごのかみまさしげ》の広大な屋敷（通称・山屋敷）だ。牢とは別の一棟の建物に暮らし、仏僧の説法などを聞き、絵画や人形の鑑定をしたという。

若い頃の関孝和は、高原吉種を名乗るキアラ岡本三右衛門に学ぶ機会があったようで、そのくらいは奉行の井上筑後守も許可したと思われる。なぜなら、井上筑後守も元はキリシタンであり、その学術の優れていることは知っていたのであろう。

ともあれ、キリシタンにかかわると関孝和ほどの偉大な業績を上げても、記録が不明になってしまうのは、慙愧《ざんき》の念に堪えない。江戸文化は隠れキリシタンの累々《るいるい》たる屍《しかばね》の上に成り立っているようにさえ思えてくる。

本当にあった伴天連の「妖術」

文化元年（一八〇四）七月、江戸の河原崎座《かわらさきざ》で『天竺徳兵衛韓噺《てんじくとくべえいこくばなし》』が上演されて、大当たりとなり二ヵ月余りのロング・ランとなった。作者は鶴屋南北《つるやなんぼく》（四世）で、何はともあれ、その仕掛けに観客は度肝《どぎも》を抜かれた。

花道を巨大な蝦蟇《がま》がノッソノッソと歩き、背中がパックリ割れると、なかから天竺徳兵衛が現れる。しかも大蝦蟇よりも長い刀を持っているので、また観客はビックリ。そうかと思うと舞台にしつらえた池に水飛沫《みずしぶき》を上げて飛び込んだ天竺が、水中で早変わりし別人となって姿を見せる。

初日から大変な評判となり、その驚くべき技術に、「おそらく伴天連の妖術を使うのだろう」という風聞《ふうぶん》が立ち、あげくは、

「町奉行所から検分の役人が楽屋に踏み込んだ。そして、衣装、道具などについて一々説明を聞いて、初めて納得して事なきを得た」

などという噂も流れた。これは鶴屋南北が役者の尾上松助《おのえまつすけ》と仕組んで意図的に流したものである。そういう噂を信じる基盤には「伴天連の妖術」があるからだ。いかにも大衆心理におけるキリシタン像を作者の南北はつかんでいたのである。

「切支丹・伴天連の妖術」は明治前期にクリスチャンになった人々も悩まされるほど世間に定着していた。「伴天連」とは宣教師（パードレ）の日本語訳、当て字である。それでは、

「伴天連の妖術は、本当にあったのだろうか」

答えを急げば、近年の研究で発見されたものを知ると、こういわざるを得ない。

「伴天連の妖術はあった」

具体的に品物を述べる。すでに豊臣秀吉の時代に有馬のセミナリオ（神学校）には、オル

ガンなど西洋の楽器とともに印刷機が運び込まれていた。この印刷機で西洋の物語が日本語訳されて出版されたことはよく知られているが、これらは伴天連の妖術というほどではない。

ところが「伴天連の妖術」と思われる印刷物が発見されている。厳密にいえば「伴天連の妖術の勧め」である。

発見された場所が隠れキリシタンの本場、九州ではなく関東であることに驚く。武蔵・埼《さい》玉《たま》や上州・沼田《ぬまた》領から、

「萬國一早業《ばんごくいちはやわざ》」

と横書きの題字を書いた紙が発見されたのだ。「萬國一早業」は「世界一の早業」の意味だが、それぞれの字の横に小さくカタカナで「キリシタン」と振ってある。「萬國一早業《キリシタン》」という題字である。横書きがされるようになったのは正保年間(一六四四〜一六四八)なので、三代将軍家光の時代以降のものと見られる。

「萬國一早業」の題字の下には、巻物を開いた絵があり、なかに「幻杵二」と書いてある。「幻杵二」には各種の解釈があるが、ここでは単純に「幻のなかで杵《きね》を二つ交差する」=「心のなかで杵を交差させるように十字を切る」と解釈しておく。

「幻杵二」の巻物の下には絵がある。雲に乗った裃《かみしも》姿の男が両手で十字を切っている。そ

の目は閉じ、頭には髷《まげ》もない。背後には緯度と経度の線を入れた大きな地球図が描かれている。

キリシタンになれば「萬國一早業」が可能になる。そう記した今日でいうチラシである。では、キリシタンができる「萬國一早業」とは何か。

古代ギリシャの賢人の逸話に基づく。

「世界一早いものは何か？」

と賢人が問うと、「兎だ」「狼だ」「ライオンだ」と人々が各種の動物を挙げたが、賢人は「もっと早いものがある」と首を横に振ったので、人々は「分からない」と音《ね》をあげた。そこで賢人は答える。

「世界一早いのは、心のなかで思うことだ。心に思いを馳《は》せることは光よりも早く、思うことが世界一早いことだ」

心に十字を切ることが神と結びつく世界一早い方法である。つらいときも、悲しいときも、心に十字を切れば神と結びつき、即、神の思し召しで心を安らかにすることができる。それが、キリシタンの「萬國一早業」である。

このチラシに絵や、忍者風体の人物の図もあり、「萬國一早業」などと記しているので「妖術」とされた。

以上は元陸軍軍医少佐で眼科医である、古河《こが》の地方史家の川島恂二《かわしまじゅんじ》氏が発掘して、その大著『関東平野の隠れキリシタン』（さきたま出版会　一九九八）に発表したものである。今日でいえば、心の切り換えの術に過ぎない。

それでも、キリシタンの奇跡を信じる信仰と相まって、伴天連（宣教師）の妖術という言葉が幕府によって喧伝《けんでん》された。伴天連の妖術の一つに水晶玉がある。豊臣秀吉の大奥にいた足利島子が秘蔵したもので、水晶玉に光を当てると、光の屈折で十字架が映る。西洋科学の光学理論を応用したもので、それ以上のものでも以下のものでもない。

家光をノイローゼにしたもの

キリシタンの殲滅《せんめつ》をはかって、もっとも多くのキリシタンを処刑したのは三代将軍家光である。この「生まれながらの将軍」を自負する家光は、宣教師を含めてキリシタンをあまりに処刑したので、ヨーロッパの十字軍を恐れてノイローゼになったといわれる。

家光が三代将軍に就任したのは元和九年（一六二三）七月二十七日である。この年、江戸で大殉教が起こる。

ことの発端は駿府の家康の近習で、追放されたヨハネ原主水に仕えていた家臣が、生活に窮したことにある。主君の原主水は転々と隠れ家を変えて布教をしていたが、その家臣は召し放たれ、博打《ばくち》にのめり込んで負債だらけになった。そこで賞金目当てに以前の主君の原主水の居場所を江戸町奉行に密告したのである。

江戸南町奉行の米津田政《よねきつただまさ》は、密告の内容に驚いた。原主水が今なお布教しており、しかも、この密告者は江戸の主要なキリシタンの名簿さえも提出したのである。すぐに奉行所は、名簿に従って江戸の探索を開始した。そして信者を捕らえると、伝馬町《でんまちよう》の牢獄で拷問にかけて、さらに芋づる式に宣教師の居場所を聞き出した。

ゼロニモ・デ・アンゼルス神父が江戸に隠れていることを知った南町奉行は、その家の名を聞いてわが耳を疑ったに違いない。幕臣竹子屋権七郎《たけこやげんしちろう》の家に匿《かくま》われているという。

竹子屋権七郎は二十一歳の若い幕臣であり、南町奉行の米津田政も知り合いである。すぐに南町奉行所の手の者が竹子屋権七郎の家に踏み込んだ。すでにデ・アンゼルスは姿を消していたが、幕吏は家主の竹子屋権七郎と、その母、権七郎夫婦の二歳の子供を捕らえた。この捕縛騒動のなかで、竹子屋権七郎の十八歳の妻ルヒアーナは、家を飛び出して逃げた。奉行の米津田政も半信半疑なので、見逃したのかもしれない。

ルヒアーナが一路目指したのは、武州《ぶしゆう》・芝村《しばむら》（埼玉県）の父、熊沢忠勝《くまざわただかつ》の家敷である。熊沢忠勝は同地を所領とする旗本で、安房《あわ》（千葉県）の保田《ほだ》代官でもある。

一方、米津田政に尋問された竹子屋権七郎は、自分はレオの教名を持ち、母はマリアの教名を持つキリシタンであることを自白した。南町奉行、米津田政の驚愕と落胆が目に浮かぶようだ。竹子屋権七郎は伝馬町の牢獄で拷問されても、デ・アンゼルスの居場所について口を割らなかったが、奉行所に出頭するように説得すると語った。

それを耳にしたデ・アンゼルスは、周囲の制止を振り切って奉行所に出頭したのである。むろん、レオ竹子屋権七郎も獄中の人となっていた。

かたや娘のルヒアーナが逃げ帰った武州・芝村の熊沢忠勝は狼狽《ろうばい》したに違いない。幕府代官の身では、たとえ娘でも匿うことは許されない。さりとて逃れてきた娘を差し出すのも不《ふ》憫《びん》である。

たまたま芝村の長徳寺《ちょうとくじ》には、家光の将軍就任を祝うため江戸へ向かう途中の足利学校庠主《しょうしゅ》(校長)の竜派禅珠《りゅうはぜんしゅ》(寒松和尚《かんしょうおしょう》)が逗留していた。もともと長徳寺は熊沢忠勝が再建したもので、住持は寒松和尚だった。その後、寒松和尚は家康の命で、足利学校第十代庠主の竜派禅珠となった。

熊沢忠勝は長徳寺の大檀越《おおだんおつ》として、娘ルヒアーナの助命方法を竜派禅珠と相談したのだろう。竜派禅珠とて、熊沢忠勝の幼い娘ルヒアーナを知っている。そこで竜派禅珠はルヒアーナを預ったまま参府し、家光の将軍職就任を賀して、秀忠、家光に拝謁した。その後に老中にでもルヒアーナの件を相談して放免を願うつもりだった。

ところが事態は急変する。

十月十三日、竹子屋権七郎は、匿っていたデ・アンゼルス神父、原主水、フランシスコ・ガルベス神父などとともに、市中引き回しのうえ、東海道の芝・札の辻で火刑に処されたのである。この日は合計五十名が磔柱《はりつけばしら》にくくられて、炎のなかで殉教した。

幕府に抗う足利学校庠主

その知らせを受けた日から七十五歳の竜派禅珠は、ルヒアーナ助命のために精力的な活動を開始する。午前中に権七郎の供養を熊沢忠勝夫妻、ルヒアーナをしたがえて終えると、すぐに老中の酒井《さかい》忠世《ただよ》と土井《どい》利勝《としかつ》、町奉行の米津田政と島田《しまだ》弾正《だんじょう》利正《としまさ》に宛て、ルヒアーナ助命嘆願の書簡を書き、弟子に命じて江戸へ持参させた。

二日後、自ら江戸に赴《おもむ》いた竜派禅珠は、再度老中二人、町奉行二人に書簡を出し、将軍の側近の御納戸頭にも書簡で相談した。それでも埒《らち》があかないので、老中の土井利勝を始めとする要人との面会に奔走したが、今回は様子が違う。幕府は強硬なのである。足利学校十代庠主に対して、ルヒアーナを伝馬町の牢獄へ連れてくるように厳命する始末だった。

十一月三日、先に処刑された五十人のキリシタンの夫人や子供三十七人が処刑された。竹子屋権七郎の母マリアと、ルヒアーナの二歳になる幼児まで炎のなかで昇天した。それを知った竜派禅珠は激怒したようである。

ルヒアーナは江戸に呼ばれて、伝馬町の牢獄へと送られた。このとき竜派禅珠も一緒に牢獄に同道して、テコでも動かない勢いである。竜派禅珠は談判して、こう主張した。

「この娘は、間違いなく拙僧の長徳寺の檀徒である。今後、この竜派禅珠が保護観察する。それでも捕らえるのであれば……」

東照大権現（徳川家康）が任命した足利学校庠主が入獄しかねない様子で、こうなると事は面倒となる。幕府は折れるしかなく、役人は竜派禅珠の主張を受け入れた。

かくて放免されたルヒアーナは、長徳寺に監禁されること五年。信仰の母である義母と夫と息子を失い、悲しみのうちに歳月を経て、寛永十年（一六三三）三月十七日、二十八歳で再婚の晴れの日を迎えた。そのとき元和九年の殉教事件から十年の歳月が流れて、竜派禅珠（寒松和尚）も八十五歳であった。

この出来事には後日談がある。

この熊沢忠勝の所領である芝村には、開けると目が潰れるという観音堂があり、昭和三十一年に地元の川口《かわぐち》市教育委員会の手で調査がされた。内部には阿弥陀如来《あみだにょらい》を安置した厨子《ずし》がある。その扉を開けると横木が一本あり、扉を閉めると十字を作るようになっていた。厨子のなかには一体の阿弥陀像があり、その像の首を抜くと、胎内仏《たいないぶつ》として子供を抱いたマリア観音と十字架があったのだ。

いつの時代のものかは不明であるが、芝村にはルヒアーナ以外にも多くの隠れキリシタンがいたのは間違いない。そもそも熊沢忠勝という領主からして不思議ではある。娘と婿の竹子屋権七郎母子が、キリシタンであることを知らないことなどあるだろうか。

ところで、この熊沢忠勝が代官をしていた安房の保田には、京から移住してきた縫箔師《ぬいはくし》がいた。男はその地の娘と結婚して、男の子をもうけた。その男児が後の浮世絵の創始者、菱《ひし》川師宣《かわもろのぶ》である。

そして菱川師宣も謎めいた画家なのである。

浮世絵の遊女が登場した理由

菱川師宣は、初めて浮世絵を描いた画家として知られる。師宣の父親の吉左衛門《きちざえもん》は、京の縫箔師で、安房国保田に移住してきた。縫箔とは着物に金銀箔を糊《のり》で付着させる装飾法である。母は保田に住んでいたタマという女で、吉左衛門とは保田で結ばれたらしい。この夫婦の七人兄弟の四子にして長男が師宣である。生年は不詳だが寛永の半ば頃といわれる。

菱川師宣の父の結婚から師宣の誕生までを逆算すると、少なくとも約十年以前に京から移住したと考えられる。西暦では一六二〇年前後だが、この頃、京はどのような状況にあったのだろうか。

元和四年（一六一八）はすでに二代将軍秀忠の時代で、厳しいキリシタン禁令、宣教師追放が始まっていた。この年、宣教師への宿提供の禁止、禁令を犯した者は火刑、宣教師の発見者には銀三十枚の褒償が与えられることが告知された。元和五年（一六一九）十月六日、京都四条河原で五十二人のキリシタンが火刑に処せられたが、このとき西陣《にしじん》からも犠牲者を出している。

師宣の父の職業は縫箔師なので、住まいは西陣周辺かと思われる。そこは教会堂があったあたりで、元和五年の京の大殉教では、知り合いも殉教したかもしれない。この後、間もなく師宣の父は安房の保田に移住したことになる。そして、当時の保田の代官は、ルヒアーナの父の熊沢忠勝その人だった。

ここからは筆者の推論に過ぎないが、しばらくお付き合い願いたい。

菱川師宣の父は、緊迫する京のキリシタンの情報網から、キリシタンを迫害しない熊沢代官の地、保田を知り移住を決心したのではないだろうか。熊沢忠勝の名が隠れキリシタンのなかで知られていたのは、むろん、熊沢忠勝も信者だからである。

安房の地は、寛永年間の「キリシタン出で申し候所」という記録を見ると、一人もいない。安房にのみキリシタンはいなかったとは考えられない。そもそも堅固なキリシタン領主の地ほど、記録上はキリシタンが少ないものである。

菱川師宣に話を戻すと、やがて江戸へ出るのだが、住居も職業も詳《つまび》らかではない。ところが突然、吉原《よしわら》の遊女図で一躍名を轟《とどろ》かせた。

浮世絵という新分野の登場は、西欧近代の印象派の登場と変わらぬくらい画期的で衝撃的なものである。それどころか西欧の画家たちが浮世絵に衝撃を受けて、印象派や後期印象派が登場したほどだ。浮世絵の異質な表現や市井《しせい》の人物を描く主題の選び方が、宗教画に縛られていた西欧の画家たちに衝撃を与えて、印象派を誕生させた。

これまでの日本の絵画の題材といえば、高僧や高貴な人の肖像画であり、せいぜい合戦図、風俗図などの記録であり、他は花鳥風月《かちょうふうげつ》の世界でしかない。女性をモデルにしたとしても、大津絵《おおつえ》の藤娘《ふじむすめ》の土産品があった程度である。

それが突然、聖人や権力とは無縁の娼婦である遊女たちの肖像が描き始められた。この独創的な発想は世界に先駆けるものだ。いったいどこに由来するのだろうか。

菱川師宣の描く女性の着物の模様を仔細《しさい》に点検すると、十字模様がちりばめられていることが多いのに気づく。丸に十字もあれば、四角で囲った十字模様もある。もしも、仏像ならば隠れキリシタンの隠符と断定されるほどである。さらに師宣の弟子たちも、着物の模様に太い青竹を十字に組ませたものや、大きな卍模様など、大胆に十字模様を組み合わせている。

隠れキリシタンの近松門左衛門が心中を恋の殉教劇に仕立てたように、菱川師宣は遊女を聖母がわりに描いたのではあるまいか。何しろ、マグダレナのマリアからして娼婦であったからだ。

島原の乱で露呈した幕府の矛盾

三代将軍家光の寛永三年（一六二六）、長崎で信者摘発のため「絵踏（踏み絵）」が開始された。これがどれほど過酷なことかは、キリスト教信者でなくとも理解できるだろう。家族の位牌や遺影を、「足で踏みつけろ」と強要されたら躊躇《ちゅうちょ》し、命じた者に怒りを抱くに違いない。

当時、長崎・島原地方のキリシタン人口は七万人以上で、かつては修道院、司祭館、神学校が置かれた信仰の中心地だった。

長崎奉行と島原藩主の松倉重政《まつくらしげまさ》、唐津藩主の寺沢堅高は、将軍の厳命でキリシタンに凄まじい拷問を加えて棄教を迫り、殉教する者が毎年のように出た。七年後の寛永十年（一六三三）前後には、多数の領民が棄教して、表面的にはキリシタンが消滅したというから、その凄まじさは想像を絶する。

それと入れ替わるように島原・天草領は天候不順となり、凶作が続き領民は飢饉《ききん》に悩まされることとなる。それでも島原藩は、容赦なく年貢取り立てを促進した。

かくして寛永十四年（一六三七）、島原半島南部の海岸沿いの元キリシタンの村々が一揆に立ち上がった。天草でも元キリシタン農民が呼応して一揆を起こし、益田《ますだ》甚兵衛《じんべえ》の子息、天草四郎《しろう》を一揆の指揮者に立てた。そして、唐津藩富岡城代《とみおかじょうだい》の三宅藤兵衛《みやけとうべえ》を敗死させ、やがて島原領民の旧主有馬家の廃城、原城に籠城した。

原城に籠城した一揆軍の総勢は男女合わせて三万七千人。そのうち実戦参加者は一万三千人で浪人が四十人という。残り二万四千人は老幼婦女子である。

島原・天草の乱は、土豪一揆といわれるが、一揆に参加しなかった農民もおり、キリシタン以外の者は原城を出ることを許されている。なお土豪、惣百姓《そうびゃくしょう》もともとはキリシタン大名の家臣が土着したものである。

原城を包囲、攻撃した幕府軍は九州全域の諸大名と、備後《びんご》福山《ふくやま》の水野《みずの》家などを合わせた十二万四千余で、その包囲、戦闘は約四ヵ月にわたった。しかもその間、平戸《ひらど》のオランダ商館長に命じて艦砲弾を打ち込ませた。これは「キリシタン弘法《ぐほう》による日本奪取」を唱えて禁教令を出した幕府の矛盾であり、失態である。

大坂夏の陣から二十二年も経つので、幕府軍はもはや戦闘を知らない。おかげで死者二千人余、負傷者一万人以上を数えた。

原城は炎に包まれ、一揆軍は撫で斬りにされて全員戦死。婦女子の中には炎のなかに飛び込む者あり、城壁から投身する者あり。そうでもなければ、容赦なく斬り捨てにされた。そして原城から脱け出して降伏した非キリシタンまで、密通者を除き幕軍陣中で斬殺された。落城は寛永十五年（一六三八）、二月二十八日のことである。

以上が島原・天草の乱の概要だが、キリシタンが唯一蜂起《ほうき》した事件でもある。ただし問題は、このとき、本当に密通者を除いた全員が殺されたかどうかということだ。

たとえば『徳川実記』は十九世紀の産物だが、次のように書いている。

「時貞《ときさだ》はじめ一揆の首は、のこりなく梟首《きょうしゅ》し、邪教を改めし者は罪をゆるし」

これは単なる後世の歴史家の文飾なのだろうか。「のこりなく梟首し」と、全員斬首されたと書いているものの、「邪教を改めし者は罪をゆるし」たとしている。許された後はどうなったのか。島原天草は農民がいなくなり、各地から移民させたほどである。邪教を改めし者は罪を許された後、どこかへ移住したのだろうか。それは生き残った女性たちが「別の地」に送り込まれたことを意味していると考えることはできないだろうか。

気になるのは、この二年後にできたのが「京の島原遊廓」だからである。

京の遊廓で生きた女たちの過去

京の島原は、現在の京都市下京区に位置する花街《はなまち》である。京の島原の歴史を遡《さかのぼ》ると、室町時代に足利義満《あしかがよしみつ》が許可した傾城町《けいせいまち》にたどり着く。現在の東洞院通《ひがしのとういんどおり》七条下《しちじょうさが》ルに当たるその地は、日本の公娼地の始まりといわれる。

やがて江戸時代になると、六条付近に移されて「六条三筋町《みすじまち》」と呼ばれるようになった。ところが、島原の乱が終わった二年後の寛永十七年（一六四〇）七月十二日、突然、幕命で西郊の朱雀野《すじゃくの》へ替え地を申し渡された。むろん六条三筋町に替わる公許《こうきょ》の遊廓である。公許傾城屋の主人で、元武家の原三郎左衛門《はらさぶろうざえもん》と林又一《はやしまたいち》には寝耳に水だったという。

当時の朱雀野は一面田畑である。そこへ堀をめぐらし石垣で固め、一万三千四百五十九坪の島原遊廓が誕生した。そして大騒ぎで六条三筋町から移転したのである。

正式には「西新屋敷《にししんやしき》傾城町」という。それが「島原」という名前になったことには、種々の説がある。

「遊廓移転の際の大騒ぎの混乱が、あたかも島原の乱のごとき」に由来すると唱えるのは、歴史家の黒川道祐《くろかわどうゆう》がまとめた『雍州府志《ようしゅうふし》』である。一方、文化十四年（一八一七）刊の『北《ほく》里見聞録《りけんもんろく》』は、

「堅牢な石垣の堀に壁を設けたりしたので、島原と呼ばれた」
とする。

そのどちらも地名の由来は納得がいかない。いくら大事件だったとはいえ、「混乱ぶりが似ている」、あるいは「城みたいなので」といった理由で、二年前に幕府を震撼させた事件現場の名前を付けるだろうか。その地名を幕府が認めるには、それなりの理由があったはずである。

ところで中国でもヨーロッパでも、「性行為」を城攻めにたとえることが多い。「性行為」と「籠城」。これをキーワードにして謎解きをすれば、遊廓とは遊女の城廓である。この「西新屋敷傾城町」遊廓で籠城しているのは「島原城」で生き残ったキリシタン女性だったのではないだろうか。

突飛な結論と思われてしまいそうだが、根拠がないわけではない。江戸幕府はキリシタンを棄教しないと、

「女は捕らえて女郎にするぞ」

と脅したことが記録されている。それは秀吉や家康の時代の日記『当代記《とうだいき》』の慶長十九年（一六一四）六月五日の条《くだり》に出てくる。大坂冬の陣の数ヵ月前のことで、幕府は京のキリシタン検挙に積極的に乗り出した。そのとき、キリシタンをやめないと、

「その妻は捕らえて、傾城亭主の又一に預ける」

と記されている。「傾城亭主の又一」とは、遊廓を公許された林又一のことである。浪人とはいえ武家なので、その遊廓は「屋敷」と称し、また林又一は「傾城（屋敷）亭主・又一」と呼ばれていた。しかも又一は、後の島原遊廓（西新屋敷傾城町）の主でもある。

この京の一件のみならず小倉（福岡県北九州市）の細川家の記録にも、江戸からの書に、

「ことに婦人は遊廓に売ると威嚇」

とある。どうも棄教しないキリシタン女性は遊廓に送り込むというのは、幕府の方針だったように思える。

もともと幕府が遊廓を公許したのは戦争のあとである。

たとえば江戸の吉原の遊廓は、小田原浪人といわれる庄司甚右衛門《しょうじじんえもん》が慶長十年（一六〇五）、慶長十七年（一六一二）の二度も公許を願ったが受け入れられなかった。その吉原が公許されたのは元和三年（一六一七）である。元和三年とは、その二年前に大坂夏の陣で豊臣家が亡びて、一年前に徳川家康が死去したばかりの時期に当たる。

しかし、人身売買は家康の御法度（禁令）だ。では、どのようにして吉原遊廓は太夫《たゆう》や囲いを雇い入れたのだろうか。とくに太夫ともなれば、和歌を詠《よ》む教養にあふれ、あらゆる芸事に通じていなければならない。おいそれと育て上げられる代物《しろもの》ではない。その太夫の供給

元を筆者は、黒田家が秘蔵していた「大坂夏の陣図屛風」に求める。

大坂城の落城では、逃げまどう豊臣方の上﨟《じょうろう》（身分の高い女性）たちを、葵《あおい》の旗印の武士たちが暴行、乱取《らんどり》している。戦国の作法では、捕らわれた者は売り飛ばされてしまうのだが、大坂夏の陣の頃は、それが許されない。たとえば仙台の伊達政宗の軍勢は大坂四天王寺《してんのうじ》付近で、同寺の楽人《がくじん》を乱取したが売り飛ばすことなく、仙台に連れ帰って使っていた。

では、徳川軍が乱取した豊臣方の御殿女中たちはどうなったのか。彼女たちは吉原の太夫にされたのではないだろうか。そうであればこそ、初期の吉原の太夫の客が、大名ばかりだったことが理解できる。江戸前期まで吉原は武家が主な客であった。

しかも、幕府評定所が開かれるたびに、吉原から太夫三名が給仕として派遣されたものである。老中、大目付、三奉行が集まる重要な場に、給仕とはいえ吉原の太夫が同席するとは、よほど品格の高い女性たちだったに違いない。さすが、この制度は明暦《めいれき》三年（一六五七）に廃された。

女郎の語源は「上﨟」に由来し、客が遊女を呼び出すには「揚屋《あげや》差紙《さしがみ》」という城中の作法と同じことが行われた。初期の吉原は、豊臣方の御殿女中たちが置かれたように思えてならず、同様に京の島原には、キリシタン武家の妻子やキリシタン女性が、置かれていたのではないだろうか。であればこそ「島原」なる通称を幕府は黙認したと思える。

江戸時代に寺が増えた真相

島原の乱が日本人の宗教生活に与えた影響は大きい。寛永十五年（一六三八）、檀家《だんか》制度、寺請《てらうけ》制度が全国的に確立されたからである。これにより日本人全員がどこかの寺を菩提寺《ぼだいじ》にして、檀家の関係を持たねばならなくなった。菩提寺とは葬式をしてもらう寺のことである。

そして寺の檀家に登録してもらう。これを「寺請証文《しょうもん》」といい、寺請証文がないとキリシタンと疑われる。そこで寺が必要になってくる。

中世後期以来、持仏堂《じぶつどう》や阿弥陀堂《あみだどう》、観音堂《かんのんどう》など、無住の堂宇《どうう》（堂の建物）があった。それらの堂には季節ごとに僧侶が訪れるだけだったが、これらに住職を置き常住の寺に昇格させた。そうでもしないと、村人全員の菩提寺が足りないからである。寺院の由来書で中興の僧が江戸時代の人物であるのは、この檀家制度、寺請制度の誕生が原因である。

ところが、本山が無住の堂宇に住職を派遣して昇格させる費用を出してくれるわけではない。そこで、村人が三十五石以上の出費をして住職を派遣してもらい、寺として昇格させてもらうことになった。ところが、一人年間一石の時代だから三十五石というと、三十五人分の年間生活費を出し合ったことになる。大変な出費である。

このようにして、この時期、全国で爆発的に寺院が増えることとなった。一村一寺院で、一つの村があると必ず寺院がそびえるという風景が誕生した。慶長六年（一六〇一）から元禄十三年（一七〇〇）の百年間に、各宗派の寺院の八十二パーセントが開創されたとみられている。

ここで再び困難が生じた。仮に檀家百二十軒の村ならば、その約一割の十二軒から毎年葬儀が出るという。そうなると、月一回の葬儀で寺院は生活を維持しなければならないが、それでは経営的に苦しい。

そこで一周忌（二回忌）を作ると、毎年二倍の収入になる。さら三回忌、七回忌、十三回忌、十七回忌、二十三回忌、二十七回忌、三十三回忌、五十回忌、百回忌と増やすと、約十一倍に跳ね上がる。この一周忌に始まる年回忌の法要は、江戸時代の寺院経営のために作られたものといってもいい。

しかも、意地汚い僧になると、家々の年回忌の法要（一周忌から三十三回忌）を寺の前に貼り紙をするなどして、貧しい村人にも強要したという。村が文句をつけたくても、寺請証文から外されるとキリシタンの疑いがかけられるので、我慢しなければならない。

寺の要求はエスカレートする一方である。宗祖の日の法要、仏忌（釈迦《しゃか》の滅した二月十五日）、春の彼岸《ひがん》と秋の彼岸、盆、それに先祖の命日には必ず寺に参詣すること。しなければ

「宗門人別帳」に家族を含めて線を引く（外す）というのである。この強要を無視すると、キリシタンにされかねず、しかも参詣するにはなにがしかの金品が必要なので、貧しい村民は困難を極めた。

さすがの幕府をも怒らせたのは、金による戒名《かいみょう》の売買である。戒名は基本的に次のような構造になっている。

○○院（院号《いんごう》）××（道号《どうごう》）●●（法名《ほうみょう》）△△（位号）

「院号」は敬称で、死者の現世での功績に対して敬意を表すための称号。院号に準ずるものとして「軒《けん》」「庵《あん》」「舎《しゃ》」「斎《さい》」「園《えん》」がある。さらに上位に「院殿大居士《いんでんだいこじ》」もあるが、江戸時代には将軍と大名にのみ許された院号であった。

「道号」は通常二字をもって表され、「法名」は戒名のことで、字数は二字。

「位号」は故人の仏門の帰依、信心の深さによって与えられる。そしてこれは、決まりがうるさい。

「大禅定門《だいぜんじょうもん》」「大禅定尼《だいぜんじょうに》」は、開基旦那《かいきだんな》や将軍などに与えられる位号である。「大居士」「清《せい》大姉《たいし》」は戒名の一つ院殿号にも対応しており、もしくは院号に用いる。

「居士」「大姉」は成人の男女で、社会的地位の高い者、もしくは宗門または寺門に功労のあった人に用いる。「信士《しんじ》」「信女《しんにょ》」は十五歳以上の位号。生前授戒を受けた人。在家のままで出家と同じ修行をしている人に与えられる。

「禅定門」「禅定尼」は、もともと在家から仏門に入った人に与えられていたが、後には「禅《ぜん》門《もん》」「信士」「信女」の下に位置づけられた。三十歳以上の故人に限られる。二十歳以下は「禅尼《ぜんに》」。「童子《どうじ》」「童女《どうにょ》」は四歳から十四歳まで。「孩児《がいじ》（子）」「孩女《がいにょ》」が二、三歳の男女。「嬰児《えいじ》」「嬰女《えいにょ》」が一歳以下。「水子」は流産、死産となる。

実に細かく定められていて、戒名に対する知識があれば、故人がどのような人だったかをある程度は知ることができる。しかし、この戒名を寺院がお布施の額で勝手に変えている。院号・位号を寺院が金と交換で乱発するようになり、幕府寺社奉行が叱りつけているのである。

このようにして、今日と同じ弊害が生まれたのであった。

ポルトガル人神父が転宗した理由

すでに触れたように、江戸の小石川小日向《こひなた》（東京都文京区）に切支丹屋敷があった。いまは「切支丹坂」の地名と俗称・八兵衛《はちべえ》の十字架形の石碑が残るだけである。現在の東京メトロ小石川車検区の西、拓殖《たくしょく》大学の南東隅、小日向一丁目十八から二十三ぐらいに当たる広大な地域だ。江戸の頃は切支丹坂の名称もなく、通称は「山屋敷」と呼ばれた。

そこは宗門改役《あらためやく》兼大目付の井上筑後守政重の屋敷であり、寛永二十年（一六四三）、先に触れたイタリア人宣教師、ジョセッペ・キアラが収容された。キアラの収容に始まり、捕らえたキリシタン宣教師から宗門改の情報を集めた。籠舎《ろうしゃ》、倉庫などを正保三年（一六四六）に整備して、本格的な伴天連収容施設となった。

この切支丹屋敷で穴吊りの拷問を受けて殉教した宣教師も多いが、嫌疑をかけられて収容された諸藩の隠れキリシタンも多い。拷問の末、芋づる式に名前を挙げられ、無実でも生涯を牢獄で終えた者や、隠れキリシタンの確たる証拠もないのに斬殺された者もいる。

宝永《ほうえい》五年（一七〇八）に潜入したイタリア人宣教師ジョバンニ・シドッチを、新井白石《あらいはくせき》が尋問したのもここである。シドッチの人物、博学、識見を評価した白石は尋問後に記した『西洋紀聞《せいようきぶん》』で、「キリシタンの日本侵略説を否定」し、洋学摂取への道を開いた。

八代将軍吉宗の享保《きょうほう》九年（一七二四）、火事で焼失したあと、山屋敷は再建されなかった。寛政《かんせい》四年（一七九二）には宗門改役の廃止とともに山屋敷の制度も正式に廃絶された。

そもそも山屋敷こと切支丹屋敷の目的は、次々と日本に潜入する宣教師を殉教死させることではない。宣教師を転宗させるためである。その第一号が江戸の数学に貢献したキアラだった。もちろん、キアラは苦悩と煩悶《はんもん》の世界を生きたのだろう。なにせ、もともと転宗したイエズス会の宣教師が出たので、それを挽回するために日本に潜入したのがキアラだったからである。

それでは、キアラ以前に転宗した宣教師とは何者か。その人が、日本管区長代理クリストファン・フェレイラ神父である。

イエズス会員歴三十七年、日本に滞在すること二十三年、元和、寛永の大殉教の累々たる殉教者の報告書をイエズス会本部に送っていたが、ついに捕らわれて、寛永十年（一六三三）、長崎西坂《にしざか》の刑場で次の司祭や修道士たちとともに穴吊りにされた。

その顔ぶれは、かつて天正少年遣欧使節《てんしょうしょうねんけんおうしせつ》の中浦《なかうら》ジュリアン神父、イエズス会のジョアン・マテオ・アダミ神父、ポルトガル人のアントニオ・デ・ソーサ神父、さらには日本人ペドロとマテオの両修道士、ドミニコ会のルカス・デ・スピリット・サント神父、そして日本人のドミニコ会修道士フランシスコの七人である。

五時間の穴吊りで、最初の棄教者となったのが、こともあろうに日本管区長代理フェレイラ神父だった。

コインブラ大学で哲学を学んだこの神父は、おびただしい殉教者の報告書を書きながら、教会のいう奇跡が何も起こらない殉教に疑問を持ち始めていた。

その後、フェレイラ神父は、その肩書はおろかポルトガルの国籍も捨てて、沢野忠庵《さわのちゅうあん》という日本名となった。そして長崎に家を与えられて日本人の妻を娶《めと》り、長崎奉行所で通訳兼キリシタン目明かしとなる。ときに五十三歳である。

フェレイラ神父の背教の罪をあがなうため、イエズス会は四年後に宣教師の一団を日本に潜入させたが、全員捕らえられて殉教した。さらに五年後にも来日した宣教師の一団は長崎で捕らえられて殉教している。

翌年、ジョセッペ・キアラは、三人のイエズス会士と二人の日本人修道士とともに、日本に潜入した。月代《さかやき》を剃り日本人に化けた。化けたつもりでも、その異様な鼻の高さ、顔貌で一発で正体がばれて、切支丹屋敷の住人となる。その尋問と通訳のために長崎から呼ばれたのが、沢野忠庵ことクリストファン・フェレイラだった。

その結果、五人のイエズス会士が棄教してしまったのである。沢野忠庵の呈した疑問に共鳴したに違いない。時代は変わりつつあった。

キリスト教信仰が日本に伝えたのは、現実的な慈悲の精神であり、奉仕と犠牲の精神であり、感情の抑制と忠誠心、そして西欧ルネサンスの医学と知的精神への憧れである。隠れキリシタンにとって、魂の不滅を除けば宗教というよりも思想であった。

それを背教者クリストファン・フェレイラこと沢野忠庵は実践した。すなわち南蛮（西洋）医学の日本への継承である。

転宗神父の医学的貢献

フェレイラ沢野忠庵は長崎で暮らしながら、足しげくオランダ商館を訪ねた。最新の医学と薬学について学ぶためである。新教徒（プロテスタント）であるオランダ商館員にまで軽蔑されたが、それでも屈辱に耐えながら医学を追求してやまない。オランダ商館付の医師は、ライデン大学系の最新医学知識を持っているからである。

背教者の屈辱に耐えながらフェレイラ沢野忠庵は、医学書『南蛮流外科秘伝書』を書き上げた。そのかたわら多くの門弟を育てたのである。筆頭に半田順庵《はんだじゅんあん》がいる。半田はフェレイラ沢野忠庵の下で医学を学んだ後、マカオへ行き、日本に戻ってから著名な医師となる。マカオ行きからして隠れキリシタンといわれる。その弟子に吉田流外科の創始者、吉田自休《よしだじきゅう》がいる。

また、フェレイラ沢野忠庵の娘は、高弟の杉本忠恵《すぎもとちゅうけい》に嫁いでいる。杉本忠恵は江戸に招かれて将軍吉宗の侍医となり、杉本流の創始者となった。

もう一人の著名な弟子は、フェレイラ沢野忠庵のローマ字天文学書を日本字に翻字した長崎通詞、西吉兵衛《にしきちべえ》の息子、西玄甫《げんぽ》だ。玄甫は幕府医官に抜擢されて西流の創始者となった。

このようにして、この時代、西欧医学が日本にも生きつづけたのである。

沢野忠庵ことクリストファン・フェレイラは、慶安三年（一六五〇）、背教者の汚名を背負いながら学問の徒《と》として、その生を終えた。享年七十。この師弟の情熱と真摯《しんし》な生き方こそ、隠れキリシタンそのものだったかもしれない。それは江戸時代の日本人が解釈した西欧カトリックの精神であり、思想である。

今日もまだ背教者クリストファン・フェレイラに対するカトリックの嫌悪と困惑はあるが、筆者はカトリックでもプロテスタントでもないので、フェレイラ沢野忠庵の人生を肯定する。

思えばカトリック教会の最高議決会議、トレント公会議（一五四五～一五六三）で、「聖職者の医療活動禁止」が決議された結果、初めて孤児院と病院を作ったイエズス会の修道士、ルイス・アルメイダは、豊後府中の病院から手を引いた。その後、わずかに弟子の日本人たちによって西欧医学は細々と伝えられて、フランシスコ会が京と江戸に病院を設立したが、それも短期間のうちに禁教令で破却されてしまった。病院と西欧医学を江戸時代の日本人は熱望していたのにである。

その旧態依然の西洋医学知識を更新した人物こそ、元イエズス会日本管区長代理で、棄教した学者クリストファン・フェレイラ沢野忠庵だった。その著作『南蛮流外科秘伝書』は失われたが、その中身は『紅毛流外科秘伝書』と表題を変えて、八代将軍吉宗の時代まで脈々と受け継がれた。そして蘭学の時代を迎える。キリシタンは江戸の医学に大きな貢献をしたのである。フェレイラ沢野忠庵に至っては、コスモポリタンになったといえる。

考えてみれば隠れキリシタンも、同じくコスモポリタンだったのかもしれない。仏像に仮《か》託《たく》しながらも、国を超えた神に祈り、慈悲と寛容と奉仕と犠牲を実践したからである。

第五章　江戸の風景と隠れキリシタン

江戸のキリシタンの実数は

ところで、どのくらいのキリシタンが江戸時代にはいたのだろうか。それについて、今日まで記録で伝わるものもある。

岡山藩池田家と熊本藩細川家のもので、寛永十五年（一六三八）から四、五十年を経《へ》た元禄期のものを見ると、当時、両国のキリシタンの存命者は九百七十六名である。

これを全国平均としたうえで、仏教学者の圭室文雄《たまむろふみお》氏が試算している。石高の増加などによる人口増加を基にした計算だが、その結果は、幕末のキリシタンは百二十九万人という驚異的なものとなる。また『切支丹宗門の迫害と潜伏』などで知られる、宗教学者の姉崎正治《あねさきまさはる》博士が作成した図を見ると、どこの地域でも、江戸時代には身近にキリシタンがいたことが分かる。

トロイの遺跡の発掘で知られるハインリッヒ・シュリーマンは、幕末の開国間もない慶応《けいおう》元年（一八六五）に来日して江戸を訪れている。まだ江戸に外国人が入るには、米国総領事の招待状が必要な時代で、時の総領事はポートマンである。

ポートマン総領事は、黒船のペリー提督の秘書官として来航したほどの日本通で、シュリーマンに警備兵を付けて江戸を案内した。

このポートマン総領事がいうには、

「この首都の総人口は二百五十万は超えないだろう」

その内訳は、武家とその使用人が八十五万二千人、僧侶・神官二十二万五千人、商人・職人・船乗り・農民などが百十万人、巡礼者や旅行者が十万人、娼妓《しょうぎ》十万人。そして、

「クリスチャンなど五万人」

と記している。慶応年間の米国総領事ともなれば、少なくとも幕府の外国奉行とは親しいので、しかるべき権威筋の数字といえる。この江戸在住のキリシタンについて、シュリーマンは次のように書いている。抄訳してみよう。

「彼らは十六世紀中頃キリスト教に帰依し、一六三四年に虐殺された日本人の子孫たちである。仏教徒として育てられるということで子供の命が救われたとはいえ、現在は仏教徒であり、またキリスト教については何も知らないにもかかわらず、彼らはひどく軽蔑され、さらには穢《けが》れた者と見なされて、江戸の市中から隔離された一画に住まわされている」

この五万人弱は、主要なキリシタンとして殉教した人々の子孫のことだろう。病人と困窮者の救済を唱えた気高い人々の末裔《まつえい》である。それ以外にも隠れて信仰を続ける隠れキリシタンがいた。前述の江戸南町奉行所の原胤昭のような場合もあり、その数は六十万人はいたと見る説もある。

こうなると江戸の人口の四人に一人である。

河童になったキリシタン

江戸に「かっぱ橋」というのがあった。ところが、なぜか幕末の切絵図にも載っていない。場所は浅草である。今は堀も埋め立てられて橋はないが、道具屋街として「かっぱ橋」は知られている。東京都台東区松《まつ》が谷《や》と西浅草の境である。

その名前の由来は複数あり、一つは、付近に合羽《かっぱ》を売る店が多かったからという。それなら切絵図に、俗称だけでも載っていてもよさそうなものだ。

もう一つ、以下のような伝承もある。現在のかっぱ橋本通《ばしほんどお》りに新堀川《しんぼりがわ》が流れていた。幅二間半（約四・六メートル）程度の川だが、下町なので水はけが悪い。天明《てんめい》年間（一七八一～八九）のことである。この新堀川沿いに合羽の商いで財をなした合羽屋《かっぱや》喜八《きはち》という商人がいた。大雨でも降れば川が溢れる惨状を見かねた喜八は、私財をはたいて新堀川の改修に乗り出した。

細い新堀川とはいえ、本来「川」は町奉行や普請奉行に届けて改修を行わなければならない。それを喜八は、無許可で土留めの工事を始めた。おっかなびっくりやっているせいか、新堀川の改修は、なかなかはかどらない。ところが、夜になると黒い影がうごめいている。

江戸の夜は暗いから何事だか分からない。

そして朝になると、きちんと土留めがしてある。それが毎晩続いた。何者かが夜になると働いており、新堀川の土手を完成させた。実は、夜になって働いていたのは隅田川の河童たちであり、喜八の心意気に感動して助力したのだという。

文化十一年（一八一四）一月三十一日（二十三日とも）、合羽屋喜八は没して、菩提寺の曹源寺《そうげんじ》に葬られた。曹洞宗巨《こ》嶽山《がくさん》曹源寺は、今も付近の台東区松が谷三丁目にあり、波を台座にした合羽屋喜八の墓もある。

別名「かっぱ寺」の曹源寺の由来書には、喜八の「義挙《ぎきょ》」とある。「義挙」とは「正義のため事を起こすこと」なので、合羽屋喜八のみならず、河童たちも「義挙」に含まれる。

合羽屋喜八が、隅田川の河童の助力で新堀川の整備をしたのは分かるが、どの橋が「かっぱ橋」なのか分からない。河童の存在などを幕府は認めたくないのか。そもそも隅田川の河童とは何者なのか。

そこで河童の姿を思い起こすと、頭は皿でその周囲に頭髪がグルリと回り、外套《がいとう》のような甲羅《こうら》を背中につけている。この姿は頭頂部を剃って、カッパ（ポルトガル語で外套）を着た宣教師の姿に似ている。すでに天明年間は江戸も後期なので、宣教師はいないが、隠れキリシタンはいる。

また、浅草にはフランシスコ会の聖ロザリオ教会と付属病院があった。ここは新堀川の下流二キロほどに当たる。フランシスコ会は奥羽《おうう》（東北地方）の布教に熱心だったので、その橋の付近を通って、宣教師たちが往来したのではないだろうか。聖ロザリオ教会にはルイス・ソテロを院長にして九人の宣教師が常駐していた。

新堀川の改修を隅田川の河童たちが手伝ったとは、かつて聖ロザリオ教会堂施設のあった新堀川の下流を、氾濫した水で汚してはいけないとばかりに、隠れキリシタンたちが手伝ったということではあるまいか。

いずれにしても、教会堂があった周辺となれば、幕府はことさらに改修を無視する。そうであればこそ合羽屋喜八の「義挙」であり、手伝った隠れキリシタンは人目をはばかり夜中に作業したはずである。

おそらく隅田川筋一帯の隠れキリシタンが、夜中に密かに手伝った事実を、宣教師の姿に似た河童の伝説で伝えているのではないか。さらに合羽屋喜八の墓に戒名がないのも、喜八自身が隠れキリシタンであることさえ連想させる。

河童が今日のように頭に皿を載せる姿になったのは江戸時代である。しかも頭のお皿に水を掛けるというのは、どことなく洗礼を連想させる。

妙なことに河童伝説は、キリシタン大名と結びつく。大分県中津市は、シメオン黒田で知

られる黒田如水《じょすい》が城下を造ったが、ここに「河童の墓」で知られる円応寺《えんおうじ》がある。同寺の由来書によると、

「当寺は浄土宗に属し、天正十五年（一五八七）黒田如水の開基、真誉上人の開山で黒田・細川・小笠原《おがさわら》と各藩主に大切にされた寺、河童の由来の寺としても名高い。江戸中期、当寺の寂玄《じゃくげん》上人が、河童共を仏の道に入らせ、修行の末、河童の頭目三匹に戒名を授けた。河童たちは上人へのご恩返しに、寺を火災から守ったといわれる」

河童と問答して仏道に入れたというから、河童はますますキリシタンの残映のように思えてくる。それが江戸時代の半ばとなると、隠れキリシタンの転宗を思い起こす。

その河童の墓とは、石造りの屋根がついた石堂で、そのなかに三つの石が重ねられている。隠れキリシタンのあいだでは、屋根付きの石堂は「エキレンシャ」と呼ばれ、教会を意味する。三つの石はキリスト教の「三位一体」に通じる。シメオン黒田の棄教で、付近には置き去りにされた隠れキリシタンがたくさんいたはずである。河童は溜め池を作ることを条件に農民となったようだから、川人足をやめて帰農、転宗した隠れキリシタンの元武士のようにも思える。

なお、同じ中津城下には、もう一つ河童の墓がある。臨済宗《りんざいしゅう》妙心寺《みょうしんじ》派の自生寺《じしょうじ》で、藩主、奥平《おくだいら》氏の菩提寺でもあるが境内にはキリシタン灯籠がある。

関東総奉行はキリシタンシンパか

さすがに江戸ともなると、寺社奉行の目がうるさいせいか、盛大に隠れキリシタンの祭をするなど難しくなった。それでも隠れキリシタンの集まりやすい場所があった。それは内藤《ないとう》新宿《しんじゅく》から四谷付近（東京都新宿区）にかけての一帯である。

内藤新宿は、関東総奉行の内藤清成が江戸の屋敷地として、四谷から代々木《よよぎ》村にかけての二十万坪を与えられたものである。その地へ太宗《たいそう》という僧が来て庵をかまえたのが太宗寺の始まりとある。「太宗」なる堂々たる名の僧だが、氏素性も不明である。これも「太臼宗《だいうすしゅう》」の略なのかもしれない。三田元鐘《みたげんしょう》の『切支丹伝承』によれば、「慶長十七、八年に四谷新宿に南蛮寺があったというのは、この太宗寺であったろう」という。もともとイエズス会の教会の跡を伝えるため、曖昧不明瞭《あいまいふめいりょう》な寺伝となったと考えるほうが自然である。

初期の江戸は青梅《おうめ》街道や甲州街道を通って入り、内藤新宿は今日の四谷から千駄《せんだ》ヶ谷《や》あたりも含まれる。内藤清成の一族は、キリシタンに理解のあった板倉、水野氏などと姻戚関係を持ち、水野家から養子に入った七代内藤清枚《きよかず》が信濃の伊那《いな》の領主などを経て、元禄十一年（一六九八）、三万三百石高遠藩初代藩主となり、菩提寺を内藤新宿の太宗寺と定めた。

もともと高遠は、キリシタン大名、京極高知《きょうごくたかとも》の飯田《いいだ》の領内でもあり、水野家から入った内藤家当主も隠れキリシタンへの判官贔屓《ほうがんびいき》があったためか、太宗寺の内藤家の墓所には立派な十字を見ることができる。内藤家の紋は、十字を下り藤で囲んだものである。

ほかにも十字の入った墓石もあるが、これは「四谷の教会堂」の名残であることを知っている隠れキリシタンのものだろう。墓地のなかからはキリシタン灯籠が発掘され、元禄四年（一六九一）寄進の石の水盤には丸に十字の印が刻まれている。

寺社奉行はもとより、町奉行が見ても手入れしそうなものだが、太宗寺と内藤新宿の町並みを挟んで、譜代名門の内藤家の広大な下屋敷がデンと構えていた。

太宗寺の西は大目付伊沢美作守《いざわみまさかのかみ》家を一つ挟んで、下野吹上《しもつけふきあげ》（栃木県）一万石有馬家の中屋敷と接している。キリシタン大名を祖とする有馬家は、譜代名門酒井家とも姻籍であり、松平忠長卿《まつだいらただながきょう》に従い、八代将軍吉宗の側近にもなった。その有馬家と目と鼻の先、内藤新宿のなかに小安稲荷《こやすいなり》（子安稲荷）も祀《まつ》られている。

この「稲荷」もキリシタンと縁が深い。詳しくは後の章に譲るが、これでは、下手に手出しをすると、有馬家や内藤家がいきり立ち、譜代門閥を刺激でもしたら、江戸の治安を乱すことになりかねない。万事知らぬ顔を決め込むのが、江戸中期以降のキリシタン対策である。

由比正雪が着せられた濡れ衣

牛込から内藤新宿一帯は、隠れキリシタンが集まった地であった。

現在の東京都新宿区矢来町《やらいちょう》の秋葉《あきば》神社の傍らに「正雪地蔵《しょうせつ》」がある。この付近は古くは済《さい》松寺《しょうじ》の敷地内で、ここに由比《ゆい》正雪の道場があったという。問題なのは正雪地蔵の小さな祠《ほこら》で、キリシタン灯籠が鎮座していた。済松寺は春日局《かすがのつぼね》の義理の姪で、三代将軍家光の側室の母親が開山した寺である。開山した女性の名は祖心尼《そしんに》という。

若い頃の由比正雪が浅草の菓子屋「鶴屋」に養子に入っているとき、お得意先が春日局なので祖心尼とも正雪は知り合い、その寺の一角を道場にしたらしい。幕府はこのことに触れたくないようで記録に残していないが、江戸の随筆がいくつか触れている。「慶安の変」と呼ばれる由比正雪のクーデター計画は、別にキリシタンとは関係ないようだが、なぜかキリシタン灯籠なのである。

このあたりから実録本『慶安太平記』のように、由比正雪が諸国回遊をし、島原の乱では原城で森宗意軒《もりそういけん》からキリシタンの妖術を習い、軍学者となったという説が作られたのだろう。実際の正雪は、済松寺に道場を作る前は神田あたりの狭い家を借りて、寺子屋《てらこや》のようなことをやっていた。

由井正雪が叛乱《はんらん》を企てていたのは事実で、そのため浪人を集めていた。その際、「紀州徳川家を後ろ盾にしている」と吹聴したので、多くの浪人が集まったという。しかも幕臣まで三人いたのだが、実行直前に恐ろしくなり奉行所に密告した。

ところで、もしも由比正雪が隠れキリシタンならば、密告した幕臣も同類の可能性が高い。そして、取り調べにより処罰を受けて処刑されてもおかしくない。ところが逆に、密告者は加増されているのである。奉行所は、由井正雪の幕府転覆計画に加担していた丸橋忠弥《まるばしちゅうや》の大捜索、由比正雪一党の駿府での包囲などに、「キリシタンの捜索・捕縛」の名目で大勢を繰り出したので、このような誤解が生じたに違いない。

将軍家光が死んだ直後に起きた慶安の変も、幕吏に包囲された由比正雪の自殺で決着はついたが、なぜ正雪地蔵がキリシタン灯籠なのか。そこが分からない。考えられることは、ただ一つ。「濡れ衣」である。幕府は慶安の変について世間に対し「首謀者は隠れキリシタン」という濡れ衣を着せたのかもしれない。

穴のなかで生活した信者たち

江戸の隠れキリシタンは、江戸の近郊をぐるりと取り巻く深川や千住《せんじゅ》、浅草、品川《しながわ》一帯に広く分布していた。また、キリシタンが殉教した浅草の鳥越《とりごえ》の刑場跡、原主水などが殉教した芝三田《しばみた》、キリシタンが過酷に責められた小石川の切支丹屋敷跡、四谷、浅草の教会跡などを、聖地としていたふしがある。

とくに、イエズス会の教会跡の四谷には長く信者が隠れていたようで、宣教師を匿《かくま》う組が組織されていたらしい。江戸時代前期の出来事を『玉滴隠見《ぎょくてきいんけん》』なる随筆はこのように振り返っている。

「寛永十七年に四谷の宿外、百姓どもその他の者どもあい加わり、穴を掘り、棲家《すみか》として年月を送りけり。これはみな提宇子（デウス）天帝、罰天連《ばてれん》（宣教師）、印留慢《いるまん》（修道士）の邪宗（キリシタン）の者どもなりしが、四谷明地の処《ところ》を江戸伝馬町の御役を務める者どもの下屋敷に下されそうろうにつき、地割《ぢわり》衆より右の屋敷割渡されし時（分配された時）、かの穴の中に住居ならざれば（できなくなり）立ち退《の》きたる。その跡の穴には牛の角や何やかや肉食仕《つかまつ》りそうろう様々な物ありしゆえ、その儀につき御穿鑿《せんさく》あり、九人召捕らえられ、梟首《きょうしゅ》され、後々より追々捕え来て同罪におわんぬ」

これによるとキリシタンたちは、穴のなかに暮らして、密かに宣教師を交えて信仰の日々を送り、儀式のためか、病人に力をつけるためか、牛肉などを食べていたらしいことが分かる。その後、日本橋伝馬町の人々の下屋敷になったときに片付けが悪くて発覚したという。続けて同随筆は書く。

「同年、品川において売人そのほか諸浪人とも吉利支丹の族《やから》を七十余人召捕らえ、品川の沖にて逆さに吊され、水磔《すいたく》に掛《かけ》れり」

売人とは牛肉を売った人であろう。隠れキリシタンの浪人たちとともに、海に逆さ吊りにされて上げ潮になると首から肩まで海水に浸かり、一週間程度で死んだと書き残している。

ここで分かることは、隠れキリシタンの浪人が数十人規模で存在し、あるいは江戸で肉食すると仏教徒ではないとして隠れキリシタンと決めつけられたことだ。もちろん江戸では、後々まで滋養をとるため「山鯨《やまくじら》」と称して、肉を食べさせる店がたくさんあった。これらの人々が隠れキリシタンの末裔であった可能性はある。

こうした江戸の隠れキリシタンが頼ったのは、キリシタンにゆかりのあった大名の中屋敷や下屋敷で、いざとなれば逃げ込む場所であったのだろう。江戸の武家屋敷は治外法権の場で、ここから引き出すには大目付の煩雑な手続きや老中の手を借りる必要がある。

ところでもう一つ、江戸の隠れキリシタンの集住地があった。それが江戸の郊外に当たる目黒界隈《めぐろかいわい》である。

「山上の説教」を再現した僧

江戸で有名な「行人坂《ぎょうにんざか》」は目黒にあった。明和《めいわ》九年（一七七二）二月二十九日、この付近から出火した火事は、江戸六百二十余町を焼き尽くした。世に言う「行人坂の火事」であり、その名は人々の記憶に刻まれることとなる。

この「行人坂」という地名は、江戸の感覚で眺めると不自然に思える。「行人」とは仏道を修行する者、行者のような放浪の僧を指すが、特定の地名にするほど珍しい存在ではない。

そして、ことさら「行人坂」と名付けた理由を語る奇妙な伝承がある。

「大久保長安は、伴天連の長老ルイス・ソテロの配下のヒモンヤス・テッペーヨスから金掘《かなぼり》の秘策を習って、各地の金銀鉱山開発に大きく貢献した。その結果、長安は行人坂上の白金《しろがね》台《だい》に屋敷を構えた。それを機に目黒付近はキリシタンが横行し、行人坂の寺社のあたりを根城にした旗本五名は、行人坂に坑道を掘り、長安と密かに連絡を取った。行人坂はこれを切り通しに変えたもので、旗本五名の一人には、三代家光の元和の大殉教で刑死した原主水が含まれる。長安の家には後に行人坂となる隧道《すいどう》を潜《くぐ》って多くのキリシタンが出入りした。長安は松平忠輝（越後城主）と気脈を通じて、幕府を倒す陰謀を図っていたと伝えられる」

（『切支丹伝承』所収「慶長切支丹怪秘記」より　宝文館出版　一九七五）

もともと行人坂はキリシタンの秘密の隧道だったというのである。他に宣教師の指導で湯殿山《ゆどのさん》の行人たちが、鉱山の坑道掘削の練習用に掘ったともいう。むろん、この話は時代的なズレもあり、史実とは認めがたい。しかし、この話によって解ける江戸の謎もある。

坂の途中には天台宗の大円寺《だいえんじ》と、その下に同じく天台宗の明王院《みょうおういん》があった。今日の東京都目黒区下目黒一丁目、雅叙園《がじょえん》に接する坂である。

江戸後期の地誌『江戸名所図会』に大円寺は、

「寛永の頃、湯殿山の行者某（木食上人《もくじきしょうにん》）、大日如来《だいにちにょらい》の堂を建立《こんりゅう》し、大円寺と号す」

としかない。同じく隣接する明王院についても、

「同所坂の側《かたわら》にあり。天台宗にして東叡山《とうえいざん》に属す。本尊阿弥陀如来《ほんぞんあみだにょらい》、脇士観音《わきじかんのん》・勢至《せいし》を安置せり。常念仏の道場にして、毎月四日、報恩《ほうおん》念仏百万遍修行あり」

とあるにすぎない。大円寺は湯殿山の行者が作った修験道系の寺院だが、境内に三基のキリシタン灯籠があった。明王院も弾誓《だんじょう》なる木食上人（木の実、草のみを食べる修行を積んだ僧）の系譜に連なる長音《ちょうおん》が開いたもので、こちらには子安観音がある。

湯殿山行者と弾誓を祖とする木食上人の大寺院が連なっているので、確かに行人坂は、行者たちが激しく行き来していたのだろう。それも地名になるほどだから、よほど活発な往来だったと考えられる。宣教師に鉱山技術を学んだ行者たちが練習用の坑道を造り、それを崩して切り通しにしたとの伝承も捨てがたい。湯殿山の修験者は鉱山開発でも知られるが、その技術は宣教師と深い縁があった。

徳川家康の金山奉行、大久保長安には「フランシスコ会士（イエズス会士とも）から鉱山技術を学んだ」という伝承がある。明王院を開山した長音は作仏聖《さぶつひじり》だが、その祖師の弾誓は鉱山を回り布教している。

金山奉行の大久保長安やその後見人の小田原城主大久保忠隣ともかかわりがあった。江戸時代の金山の産出量の増大は、坑道を深く掘ることにあったが、その技術はキリシタン宣教師から、宗教や宗派とは関係なく伝播《でんぱ》した。その意味でも行人坂の伝承は重要である。

この弾誓が作った石仏が信濃の諏訪《すわ》にある。

安山岩《あんざんがん》の自然石に彫られたものだが、高さ約二・七メートルで、万治《まんじ》三年（一六六〇）造立の銘が入っている。地元では「あみださま」と呼ばれているが、頭部が平たく、目、鼻、口の大きい面長《おもなが》の外国人風の顔で、卐（逆まんじ）模様と小さな十字模様が無数に彫り込まれている。「南無阿弥陀仏《なむあみだぶつ》」の文字も「南」「無」といったように「十」「‡」（二本十字）の形が強調されている。

江戸幕府が慶長十七年（一六一二）に発したキリシタン取り締まりの手引書には、

「彼等（キリシタン）の尊ぶところの本尊は、牛頭天王丁頭仏といふ。丁頭とはでいうす（デウス）と名乗るなり」

とある。諏訪の大きな石仏は平らな頭（丁頭）で、まさにこれに当てはまる。隠れキリシタンのデウス像としか思えないのだが、それを弾誓が彫っているのである。お咎めを受けなかったのも、諏訪神社春宮の境内から橋を渡り、川沿いの道をたどって、当時は昼なお暗い森のなかにあったからだろう。

さらに造立の四年前から松平忠輝が諏訪高島城《たかしま》に配流されていたが、むしろ忠輝卿が弾誓に石像を刻ませたという観もある。大久保長安、大久保忠隣、松平忠輝は弾誓の共通の友人だからである。

しかも弾誓は鉱山を巡っては布教した木食上人で、弟子には湯殿山の行者出身の者もいた。先に述べた目黒行人坂の伝承に出てくる顔ぶれが、すべて弾誓につながるのである。

その弾誓は岩の上で説教したことで知られる。これもキリストがガリラヤ湖畔の山上で行った「山上の説教（垂訓《すいくん》）」を連想させる。

弾誓に結縁《けちえん》した者は、小田原藩主大久保忠隣を筆頭に二百七十万人といわれる。もしかするとこの数字は、当時の隠れキリシタンの数に近いのではあるまいか。弾誓は隠れキリシタンの布教者、あたかも隠れキリストのように思われる。そして、弾誓派が密集する目黒行人坂とその付近には、隠れキリシタンが集まっていたのだろう。

江戸の古い伝承に、

「目黒女を嫁にもらうと祟《たた》りがある」

という差別的なものがある。これも目黒に隠れキリシタンが多く、万一発覚すれば一族一門数珠つなぎで疑われたことを伝えたように思える。

江戸に現れたバベルの塔

八代将軍吉宗の時代になると、南蛮文化ではなく「紅毛文化《こうもう》」が積極的に取り入れられた。南蛮はポルトガル、スペインを指すが、それに対する「紅毛」はオランダを意味する。

その中心地は、やはり江戸の郊外の本所《ほんじょ》・深川である。

何よりも江戸っ子を驚かせたのは、亀戸の「羅漢寺《らかんじ》」であった。

いまも都営地下鉄西大島《にしおおじま》駅付近に羅漢寺はあるが、江戸時代の境内は、その背後の保健所を含むブロックと新大橋通りを越えた総合区民センターをも包む、広大なものだった。

建立は元禄八年（一六九五）のことで、黄檗宗《おうばくしゅう》の寺院が田圃《たんぼ》のなかに忽然と出現し、天恩山《てんのんざん》羅漢寺と号した。黄檗宗だから中国風で、建物の前に二本の旗竿が立ち、先端にはためく旗は、どことなく江戸には不似合いな異国情緒を漂わせた。

この表現でもまだ生やさしい。境内には異様な螺旋状《らせんじょう》の三階建ての建造物があり、最上階は舞台造りで、はるかに房総から富士山まで遠望できた。江戸の名所である。

江戸の羅漢寺の螺旋状の建物は現存しないが、今日も各地にその姿を残す。福島県会津若《あいづわか》松《まつ》市の旧正宗寺《しょうそうじ》の六角形の三層の塔、群馬県太田《おおた》市東今泉《ひがしいまいずみ》の曹源寺《そうげんじ》観音堂、青森県弘前市西茂森《にししげもり》の蘭庭院《らんていいん》六角堂などがそれだ。すべて螺旋状なので「さざえ堂」と呼ばれる。

螺旋という概念は古来日本にはない。鉄砲を作るとき銃底を締める螺旋状のボルトを理解するまで、艱難辛苦《かんなんしんく》の歳月が必要だった。今もネジを「螺子」と書くのは、その名残だ。

さて、これらのさざえ堂は、三層の堂を一巡すると三回巡ることになり、「三匝堂《さんそうどう》」とも呼ばれた。

亀戸の羅漢寺のさざえ堂の正式名は「円通閣《えんつうかく》」。仏教用語では「因果に通じる」の意味で輪廻《りんね》を表す。寛保《かんぽう》元年（一七四一）に造られたもので、各地のさざえ堂の先駆けである。その高さは五十八尺（十七メートル）で、現在の五階建てのビルの高さを誇る。今日ならば五階建てのビルなど珍しくもないが、江戸時代では「一端の雲にそびえ」と驚いた。

この建物は、ご存じピーテル・ブリューゲルの「バベルの塔」を真似たもので、江戸ではインテリのあいだでよく知られていた。加賀藩に仕えた学者の本多《ほんだ》利明《としあき》は、「バベルの塔は羅漢寺のさざえ堂に似ている」と、むしろ前後関係を逆にして説明している。そこにはやはり、幕府への遠慮があったのだろう。

それだけではない。堂内に入った人は、アッと驚いた。

キリスト教が北斎に与えた影響

羅漢寺の三匝堂の内部には、釈迦が説法したという霊鷲山《りょうじゅせん》の巨大な模型があり、五百羅漢の像がずらりと並ぶ。その壁には驚くなかれ、オランダから輸入した大きな油絵が二枚も展示してあった。

将軍吉宗がオランダから輸入した油絵のうち、勇壮な主題のものは江戸城に残し、「花、果物そして鶏」の絵と「孔雀、駱駝《らくだ》、虎とライン河の景色」の二枚を羅漢寺に展示させたものである。オランダの宮廷画家ファン・ロイエンの作品で、江戸っ子は羅漢寺で西洋の絵画を見て、その写実的な描写に驚いた。

葛飾北斎《かつしかほくさい》も司馬江漢《しばこうかん》も訪れており、その絵と同じものを谷文晁《たにぶんちょう》も模写している。葛飾北斎の独創的な絵画表現への冒険と執念も、司馬江漢を始めとする洋画・洋学ブームも、この羅漢寺がなかったならば、ひょっとして起きなかったかもしれない。

強調しておきたいのは、羅漢寺の境内には、マリア像を刻んだキリシタン灯籠があった点だ。その地にもともとあったのか、それとも隠れキリシタンの聖地から運んだのか、由来は不明である。

江戸の羅漢寺に登場したバベルの塔と油絵は、再び江戸の西洋文化への好奇心に火をつけた。司馬江漢を始め円山応挙《まるやまおうきょ》なども、西洋画法を学ぶために長崎を訪れている。そこにはオランダ人のみならず、南蛮画以来の画法を伝える者がいると思ったからである。

司馬江漢は油絵の技術を手に入れ、円山応挙は遠近法を自分のものにして、当時流行のメガネ絵（覗きカラクリ）の立体的な絵を描いた。しかし、西洋画の精神までとらえたのは、葛飾北斎のように思える。

北斎は宝暦十年（一七六〇）、本所割下水《わりげすい》で生まれた。父は徳川家御用達の絵師だが、画を追求するあまり破門されている。息子の北斎は、窮乏のなかで忙しい浮世絵画家の仕事を選び、九十三回も転居しながら生涯絵筆を執った。北斎は絵の求道者で、その作品は、どこか西洋絵画の表象法や隠喩的表現を追求している。

北斎はその生涯において、三十回も改号していた。なかでも「葛飾」を好んで名乗っているが、もしかすると、北斎は上総《かずさ》の隠れキリシタンの流れをくんでいるのではないか。というのも、「北斎」の名の通り、北極星を信仰する妙見《みようけん》信仰の人だからである。

千葉氏の流れをくむ隠れキリシタンは日蓮宗の妙見信仰に仮託《かたく》して、十字入りの妙見大士などを遥拝《ようはい》している。ここにも、北斎とキリシタンの関係をうかがわせるものがある。

また、九十三回の転居にしても、深川・本所のあたりを移動しているに過ぎない。住所の記録がハッキリしていないのも不思議であり、隠れキリシタンゆえかもしれない。

自ら「画狂人」と名乗るほど絵を追求し、狩野派の画法や司馬江漢から遠近法も学び、それぞれ作品にしている。オランダ絵画から影響を受けて「富嶽《ふがく》三十六景」などの風景画、あるいは風俗画から「北斎漫画」や動物や植物のスケッチ、春画まで、あらゆるものを描いた。とくに春画では、同時代の西洋絵画と競うほど多彩な表現技術が駆使されている。

七十九歳で火災に遭って、十代から溜め込んだ写生帳を失ったが、その後は後進のために数々の覚書《おぼえがき》と画帳を残したのも、平凡な江戸人とは異なる。その画への姿勢が献身的であっただけでなく、西洋絵画の象徴論を理解していた節がある。

しかも作品を仔細《しさい》に観察すると、樹木の茂みに女神や天使の形が、隠し絵のように書き込まれている。

北斎は放蕩《ほうとう》な孫の不始末のため、金に困っていたという。そして孫を蛇蝎《だかつ》のごとく嫌って、魔除けに毎朝「獅子」の絵を一枚ずつ描いた。禅宗の学問寺が「獅子林」と呼ばれるように、獅子は釈迦の説法のたとえであり、仏教では魔除けの意味はない。道教や神道《しんとう》では魔除けともするが、獅子を最強の動物として守り神にするのはキリスト教である。

また、隠れキリシタンに由来する場所には、必ずといっていいほど北斎が顔を出す。

三浦半島の浦賀に近いマリア観音のある真福寺《しんぷくじ》にも立ち寄ったとの伝承があり、信州小布《おぶ》施《せ》（長野県）には、同地の豪商の高井《たかい》鴻山《こうざん》に招かれて四度、通算二年ほど滞在した。そこで描いた天井画の龍は尾を十字に重ねており、「怒濤図《どとうず》」にはエンジェル（天使）によく似たものが描かれている。

この小布施の付近には、福島正則の廟所《びょうしょ》、岩松院《がんしょういん》があり、その天井画も描いている。福島正則とキリシタンの関係は先述した通りで、この地を含む川中島は松平忠輝が領主となり、初めて入部した地域でもある。それを考えると隠れキリシタンも多かったのではないかと思われる。

北斎は八十八歳で没したが、その墓は東京都台東区元浅草四丁目の誓教寺《せいきょうじ》にある。同寺も北斗七星を祀る妙見信仰と無縁ではない。妙見信仰は隠れキリシタンと密接で、「向島の妙見菩薩」で知られる墨田区業平《なりひら》五丁目の日蓮宗・妙見山法性寺には、隠れキリシタンの劇作家、近松門左衛門の孫が書いた碑がかつてはあった。

北斎の墓標に戒名はなく、「画狂老人卍墓」としかない。北斎の書き残したものでは、自分のことを「卍」と称している。

その卍も、北斎の自筆のサインでは、縦が長く横が短い十字架のような卍である。北斎の宗教は美術史家のあいだでも問題となっており、比較的近年、芸能史家の諏訪春雄《すわはるお》教授は「北斎・道教説」を唱えたが、著者には隠れキリシタンとしか思えない。

なお、柳島妙見菩薩で知られる法性寺には隠れキリシタンのものと思われる石造物が二つある。額に丸で囲んだ十字架のある地蔵とフランシスコ会の司祭風の地蔵が、境内入り口に立っている。これとて、いかに江戸に隠れキリシタンが多かったかを示唆している。

第六章　子安観音・稲荷とキリシタン

観音像に託した思い

もとは半蔵門《はんぞうもん》の近くにあった真言宗豊山《ぶざん》派の光徳院《こうとくいん》が月桂寺《げっけいじ》の北、現在の東京都新宿区市《いち》ケ《が》谷《や》柳町《やなぎちょう》二十二に移ったのは、いつの頃なのか定かではない。寺宝の千手観音は「子育《こそだて》観音」といわれるが、頭の上にマリア像が立っている。しかも観音様の目つきは頭上のマリア像を仰ぐかのようである。

この像の由来を寺伝で見ると興味深い。筑紫《つくし》・太宰府《だざいふ》に左遷された菅原道真公が自ら作ったもので、長く筑紫にあったものを江戸の光徳院に移したという。ここでも寺宝の千手観音は明確に子育観音と別称されて、菅原道真（天神様）作であり、筑紫（九州）から江戸に移ったというのである。

この寺伝も荒唐無稽なものではない。

真言宗豊山派とは新義真言宗のことであり、紀州根来寺《ねごろじ》を大本山とする。根来寺は豊臣秀吉に滅ぼされて、その寺院群の多くはキリシタン大名によって分けられた。たとえば高山右近は、根来寺の建物を秀吉からもらい岡山の教会にした。同じように千手観音も筑紫のキリシタン大名あたりに運ばれて、頭部にマリア像が付けられ、九州のキリシタン迫害を逃れて江戸に運ばれたのかもしれない。

光徳院の境内にある墓地の地蔵に至っては、右手に持った錫杖《しゃくじょう》の頭部にはっきりと十字が刻まれている。その肩には六角形の線に囲まれた十字も彫刻されている。

六角形に囲まれた十字の紋様は、五百七十六ある家紋のうちに当てはまるものはない。明らかに十字架（クルス）を刻んだものである。

もう一つの墓には浮き彫りで、幼児を抱いた女人のような観音像が施されている。これが子安観音、つまり聖母マリア像である。

驚くことに光徳院は護国寺《ごこくじ》の末寺だが、江戸時代の中期以後に流行した「御府内《ごふない》八十八ヵ所」の五十八番札所《ふだしょ》なのである。御府内八十八ヵ所観音巡礼に託して、光徳院の聖母マリア像を戴く千手観音を密かに礼拝する隠れキリシタンもいたのだろう。

それを知っていたせいか光徳院も寛政元年（一七八九）八月に、大々的にご開帳をやってのけた。おそらく江戸っ子の度肝《どぎも》を抜いて、寺社奉行を呆れさせたに違いない。なお、この光徳院は明治四十三年（一九一〇）に、現在の東京都中野区上高田《かみたかだ》に移されている。

ところで、観音巡礼は、四国八十八ヵ所、西国《さいごく》三十三ヵ所、秩父《ちちぶ》三十三ヵ所などが、江戸時代の後期に大流行したが、その巡礼路のどこにも隠れキリシタンの信仰する寺が含まれていた。たとえば江戸の女性にもっとも身近な旅行先の、秩父三十三観音巡りでは、札所四番の曹洞宗金昌寺《きんしょうじ》である。

この秩父の金昌寺には、半裸で幼児を抱いた見事な慈母観音がある。それは聖母マリア像そのものにさえ見えるが、蓮華座《れんげざ》に座っているので、まずは観音像であるといえる。ところが蓮華座はゆるく十字をかたどっており、その下に三匹の蛙がそえられている。「三蛙＝ミカエル」で、大天使ミカエルの意味である。

つまり、宝暦年間の金昌寺の慈母観音は、蓮華模様の十字架の上に座した聖母マリア像なのである。おそらく秩父巡礼に身をやつした隠れキリシタンは、喜びの涙を一杯にして祈ったことだろう。

もちろん、それを住職も知っていたことになる。それほど隠れキリシタンは多かった。

お地蔵さんに十字の刻みが⁉

現在の東京都新宿区に「牛込天神町《てんじんちょう》」という交差点がある。これはかつて天神社があったことに由来している。

江戸時代の牛込天神の付近には、九州のキリシタン大名大友宗麟の孫の屋敷があり、太宰府天満宮を勧請《かんじょう》していた。現在では新宿区天神町の地名で残っている。

牛込天神のある大友宗麟の孫の屋敷に至る道には、「地蔵坂」や「比丘尼《びくに》坂」などの名がいまも残る。また、地蔵に十字を刻み「ジーゾーズ（ジーザス）」と呼んだのは、キリシタン大名の元祖、大友宗麟だった。

隠れキリシタンの地蔵は、お地蔵さんの額に「白毫《びゃくごう》」と呼ばれる印がないことが特徴である。加えて右手にした錫杖《しゃくじょう》を見ると、上部に横棒が入り十字架状になっている。仏教の錫杖は、ジャラン、ジャランと音を鳴らすために二枚の輪が正しい形状だ。

あるいは仏像の合掌した手を見ると、合わせた両手の縦線に、短く横線を入れて十字にすることもある。お地蔵さんの場合は、左手に持つ宝珠に十字を刻むなど、キリシタンである証が施されている。さらに足元を見て、揃えた足を横に広げているのであれば、キリシタン禁制初期のものである。

筆者が見た江戸の柳島妙見山法性寺の地蔵は、額に白毫の代わりに丸で囲んだ十字を刻んだものが彫られている。これなら寺社奉行に問われても、

「島津氏と同じ紋なので」

と逃れられたのだろう。

それとは別に、地蔵の両腕を太い長方形にしたものもある。これは腕ではなく翼を意味し、エンジェル地蔵と呼ばれる。文字通り翼を付けたエンジェル地蔵だが、キリシタンはエンジェルを「アンジョ」と呼んだ。

あるいは地蔵に長い涎掛《よだれか》けがかけてあるが、よく見ると顔が外国人のようで、マントを着

た姿の地蔵なのか、道祖神《どうそじん》なのか不明のものもある。そうした石像は、目立たぬところに十字の刻みが隠れていたりする。「伴天連《ばてれん》（パードレ）地蔵」とでも呼ぶしかない。

ここで忘れてほしくないのは、地蔵にしろ観音にしろ、仏像は木製であろうと石像であろうと、儀式の規則「儀軌《ぎき》」というものがあるということだ。つまり儀軌に従って、決まった形式で作らなければならない。変わった形のお地蔵さんや風変わりな石像など、江戸時代の仏教界ではあり得ないのである。

しかも石仏や石像を彫る石工は、王羲之《おうぎし》の書体から隷書《れいしょ》まで学び、儀軌も周知のインテリである。いいかげんに彫り間違えたり、無知で字を間違えたりすることなどあり得ない。白毫を彫り忘れることもなく、もし彫っていないのであれば「仏像のようですが、仏像ではありません」という意味なのである。ただ、キリシタン禁制の時代は、隠れキリシタンのために石工は無知を装っていたに違いない。

それでは、隠れキリシタン用の石仏を彫る石工を、どのように探したのか？

簡単である。石工の店の前に大きな石臼を商品のように置いておく。「大臼」は「デウス」につながるので、隠れキリシタンは安心して相談し、注文をすることができた。

少し変わった地蔵や石仏、それらの多くは隠れキリシタンの遥拝物《ようはいぶつ》と見て間違いない。この事実一つをとってみても、江戸時代の景色のなかに隠れキリシタンが織り込まれていることが分かる。いまも残る仏像や墓石や石仏などを謙虚な気持ちで拝すると、容易に隠れキリシタンの十字の刻印を身近に発見して驚くはずである。

子安観音の驚くべき由来

日本のキリスト教信仰は聖母マリア教会から始まった。そのせいか、隠れキリシタンもマリア信仰者が多い。

江戸時代の仙台藩の福原《ふくはら》でのことである。「福原」という地名は、古くからのものとキリシタンが付けたものとあるが、キリシタンの場合は、「福音《ふくいん》の原」の略と考えられる。

仙台藩の福原の地は長崎五島で洗礼を受けた後藤寿庵《ごとうじゅあん》千二百石の領地で、領民のほとんどがキリシタンだった。福原小路には毘沙門堂《びしゃもんどう》と観音堂もあるが、毘沙門堂は、その地に銅像の毘沙門天を持ってきて建てたものである。

また、観音堂はもともと木製のマリア像を納めていたが、キリシタン禁制が厳しくなって危ないので、密かに菊地《きくち》家の邸内に移した。その邸内に小さな堂を建て「子安観音」と称して近所の人々の参詣を三月と九月の十七日に許していた。

ところが宝暦年間（一七五一〜一七六三）、霊山《りょうざん》和尚という名高い坊さんが観音を参拝にきて、菊地家の子安観音を見るなりいった。

「この観音は、本物の観音様とは思わぬ。そもそも子安などと称して、赤ん坊を抱いている仏像など、世間にはあることはありますが、これは本来あるべきものではありません。それに、これはひどい虫食いになっているから、新しい如意《にょい》輪観音《りんかんのん》を作ってお祀《まつ》りなさるのがよろしい」

和尚は「子安観音」がキリスト教の「聖母マリア像」であることを見破ったのである。それでも、これを役所に訴えなどしなかったのは、菊地家への思いやりに違いない。菊地家では和尚の言葉に大いに驚いたふりをして、さっそく如意輪観音像を注文して堂に置いた。

霊山和尚が語ったように、もともと観音のなかに子安観音などはない。六観音、七観音、二十五観音、三十三観音のどれにも子安観音は存在しないのである。同じく「子育地蔵」という類《たぐい》の地蔵もない。

強《し》いてあげれば「妙法蓮華経観世音菩薩普門品《みょうほうれんげきょうかんぜおんぼさつふもんぼん》第二十五」の経文《きょうもん》に、「観世音に祈らば、望み通り男女いずれにおいても子供が授かる」という言葉があるに過ぎない。江戸後期に木食上人が甲府《こうふ》の教安寺《きょうあんじ》で七観音を刻んだとき、十一面観音の代わりに子安観音を七観音に加えたのが最初である。

中国の土俗信仰の娘々神《にょうにょうじん》のなかに催生《せしょう》娘々神があり、子授けの利益のある神とされていた。これを観音経と関係させて、幼児を抱いている観音像が中国で作られて、慈母観音の名で絵画や彫刻が、さらに明代《みん》には白磁製《はくじせい》の像も作られた。これを日本では真似て、子抱き観音を土で焼き、キリシタン禁制時代に聖母マリア像の代わりに用いた。九州から始まったものである。

さらに中国産白磁製の慈母観音を輸入して、十字架に似せた卍巴《まんじともえ》の変形を胸のあたりに刻み、マリア観音として崇めた。白はキリスト教では「光栄」「喜悦」「無罪」「純潔」を象徴しているので、もっとも珍重《ちんちょう》された。子安観音は、仏教徒よりも隠れキリシタンに熱狂的に崇拝されて、盛んに模造されたものである。

修道衣姿の観音まで

江戸の子安観音、子育観音などを並べてみると、どれほど隠れキリシタンが多かったか想像がつく。

牛込喜久井町《きくいちょう》「西芳寺《さいほうじ》」の子育観音
浅草「浅草寺《せんそうじ》」内の子育地蔵尊
浅草「浅草寺」内の子育婆王尊
中野「光徳院」の子育観音

内藤新宿（新宿三丁目）「重宝院《じゆうほういん》」の子安稲荷
新田《にった》堀之《ほりの》内村《うちむら》（豊島区上池袋）子安稲荷
巣鴨村《すがもむら》（豊島区北大塚一丁目）子安天満宮
巣鴨下組（板橋区板橋二丁目）「福生寺《ふくしようじ》」の子安明神（現・子易《こやす》神社）
長崎村（文京区千石四丁目）「霊感院《れいかんいん》」の子育稲荷
長崎村（豊島区千早《ちはや》一丁目）子育地蔵堂
佃島（中央区佃島）天台《てんだい》子育地蔵尊（天台地蔵尊）

この他にも全国各地に子安観音はある。なかでも山形の竜泉寺《りゆうせんじ》のものは秀作といわれる。また、茨城県宍戸《ししど》で発見されたものは、黒い修道衣姿の女性が幼児を抱くもので、もはや子安観音と言い逃れもできそうにないほど、マリア臭を漂わせた大胆なものである。

筆者の自宅近くには、横浜市鶴見《つるみ》区に子安観音が、横須賀《よこすか》市秋谷《あきや》に「子安」なる地がある。子安の地はいまは開発されて国際湘南村《こくさいしようなんむら》の一部になってしまったが、ひっそりとした山村で、地元では「子安の里」と呼ばれ、落人《おちうど》伝承のある長閑《のどか》な眺めだった。近年まで路傍に子安観音やら子安地蔵が散在し、いかにも聖母マリアの聖地、隠れキリシタンの里のような雰囲気が残っていた。

三浦半島の浦賀は、江戸の船番所がある湊《みなと》である。この浦賀に近い横須賀市吉井の浄土宗真福寺は三浦三十三観音の十五番札所だが、観音堂には「抱児観音」と呼ばれる秘仏がある。その字の通り、幼児を抱いたマリア観音で、立て膝をした衣類の裾《すそ》にはキリストを表す魚が描かれている。

そのマリア観音は、江戸の回船問屋三次《みよし》家（屋号・江戸六）が密かに持ち込んだものである。観音堂の左脇は同家代々の墓だが、墓石の上面は対角線の「×」が浮き彫りされて、十字を表し、代々隠れキリシタンだったことをうかがわせる。

浦賀には浅草と同じフランシスコ会の聖堂があった。禁教令で聖堂が破壊されたさいにキリシタン灯籠も海に捨てられたが、それを明治五年（一八七二）に三浦市松輪《まつわ》にある小さな湾の漁民が海中から引き揚げたという。竿の部分に宣教師と思われる人物がくっきりと刻まれている。約三百八十年近くも海中投棄されていたにしては傷みが少ない。浦賀から松輪までは直線で七キロも離れており、海流に流されたにしても不自然である。

しかも松輪で引き揚げられた明治五年は、キリスト教が明治政府によって解禁される前年でもある。松輪は細い一本の道でしか下りて行けない集落である。もしかすると松輪は、隠れキリシタンが、密かに信仰を続けた隠れ里のような漁村だったのかもしれない。

ともあれ各地に幼児を抱いた観音様がある。仔細《しさい》に見ると、どこかに十字の印が刻まれているのが分かるはずである。

鬼子母神にもキリスト教の影響が

江戸の入谷《いりや》の鬼子母神《きしぼじん》といえば朝顔市で知られる。江戸の末期、近くの御家人屋敷の御徒士《おかち》たちが、変種の朝顔を売り出してから名を知られるようになった。幕臣が育てた朝顔の市なので、「おそれ入谷の鬼子母神」という狂歌も有名である。

江戸ではむしろ、雑司《ぞうし》が谷《や》（豊島区）の鬼子母神のほうが古くから知られていた。この雑司が谷の鬼子母神は、突然、江戸っ子を「あ！」といわせたことでも知られる。それは立派な堂が芸州浅野《げいしゅうあさの》家の夫人から寄進されたからである。

この夫人は前田利常《としつね》の娘で、広島の浅野藩主に嫁いだ自昌院《じしょういん》である。時に寛文四年（一六六四）、四代将軍家綱《いえつな》の時代に当たる。実家の前田家は、キリシタンを庇護した家筋なので、たちまち隠れキリシタンのあいだで話題になったと思われる。

いうまでもなく鬼子母神は、嬰児《えいじ》の守護神である。女性の姿で右膝を折り左膝を立て、手にはザクロの枝を抱く。ザクロは数十倍の実を成すので、子孫繁栄を意味する。

寺伝によればこの鬼子母神は永禄四年（一五六一）、清土《きよと》から掘り出され、星《ほし》の井《い》境内の三角《さんかく》井戸で清められたとある。これらの地名は現在特定できない。伝説めいたものである。

その後、紆余曲折を経て天正十六年（一五七八）、「稲荷《いなり》の森」と呼ばれていた村の人々が堂《どう》宇《う》を建てて祀っていた。

この鬼子母神が掘り出されたのは、足利将軍がイエズス会に布教を許可した翌年のこととなる。三角井戸というのはカトリックの「三位一体」を連想させ、三角井戸は聖水が噴き出す噴水を想起させる。三角井戸の水で清められた鬼子母神像とは、洗礼を受けたマリアのたとえのように思える。

「稲荷の森」の村人が堂を建立した天正十六年は、秀吉が最初の「伴天連追放令」を出した翌年である。すでに関八州は徳川家康の領地となり、続々と入植者が開墾している時代であった。

キリスト教がらみの鬼子母神であることも考えられ、江戸の浅野家上屋敷に住む前田家出身の夫人が、聖母マリア像の代わりに鬼子母神に堂を寄進したのではないのか。しかも、この鬼子母神堂は江戸幕府崩壊まで前田家からの庇護があったというのだから、寺社奉行もおいそれとは手が出せなかったものと見える。

さて、この鬼子母神堂を建立した「稲荷の森」の村の「稲荷」もまた隠れキリシタンにかかわるのである。

「INRI」の記号と「稲荷」

雑司が谷の鬼子母神堂の地は、「稲荷の森」と呼ばれていたが、江戸は稲荷が多いことで知られる。江戸城の大奥にも吉原にもあったが、その数は五千ともいう。

現在でも方々に見かけることができる何気ない神様だが、稲荷は江戸で爆発的に増え続けた。もとより全国に三万とも五万ともいわれる稲荷社のすべてが、これから述べる隠れキリシタンと関係するわけではない。

ただ西国《さいごく》から移住したキリシタンの多かった江戸周辺では、隠れキリシタンの遥拝所としての稲荷の社も多い。

まずは稲荷とキリシタンとの関係から語ろう。

古キリシタンの時代から、セミナリオ（学校）やコレジオ（神学校）でラテン語を学んだ日本人信者は、信者間の暗号としてローマ字を用いた。そのため信者にはイエズス会の略称「IHS」と、イエス・キリストの略称である「INRI」も知られていた。

「INRI」は、「ユダヤ人の王、ナザレのイエス（Iesus Nazarenus, Rex Iudaeorum）」の略である。キリストが磔《はりつけ》になっている古い絵画などでも、十字架の上に「INRI」という札が付けられている。

ＩＮＲＩはキリストの名前を表す聖なる記号となり、キリシタンたちは墓標に刻み込んだ。カトリックの正しい教義とは異なるが、隠れキリシタンはＩＮＲＩの文字を崇拝した。

ＩＮＲＩはローマ字読みをすると、インリとなり「稲荷」の音に近い。また「稲荷」はローマ字で「ＩＮＡＲＩ」と表記するので、「Ａ」を省略すれば、「ＩＮ（Ａ）ＲＩ」となる。「稲荷＝ＩＮＡＲＩ」の前で、心で「Ａ＝アーメン」と念じれば、「ＩＮ（Ａ）ＲＩ＝ユダヤ人の王、ナザレのイエス」となる。

このように、隠れキリシタンたちは稲荷を「ＩＮＲＩ」と見なして作り、あるいはすでにある稲荷を「ＩＮアーメンＲＩ」と念じて遥拝した。稲荷社ならば、多すぎて寺社奉行も手の施しようがない。

そこで大胆にも武家屋敷の真ん中に子育稲荷があった。前述の「子育」（マリア観音）と「稲荷（ＩＮＲＩ）」を組み合わせたようで、寺社奉行の手入れがなかったのが不思議に思える。

子育稲荷の所在地は巣鴨（東京都文京区千石二丁目）だが、参道脇は増上寺《ぞうじょうじ》領、道路の前には加賀百万石前田家の抱屋敷《かかえやしき》があった。しかも霊感院なる寺の別当が管理して、時の鐘さえ鳴らしていたから、寺社奉行としては黙認するしかない。あまりに隠れキリシタンが多いので、寺社が取り込んだようにさえ思える。

「祇園守の札」と隠れキリシタン

江戸で爆発的な流行をした稲荷が「太郎稲荷《たろう》」である。筑後柳川十一万九千六百石の立花左近将監《たちばなさこんのしょうげん》の母、みほ姫の守り神として江戸の中屋敷に祀られていたのが太郎稲荷で、現在の東京都台東区小島《こじま》一、二丁目と三筋《みすじ》一、二丁目の境あたりが中屋敷跡に当たる。

もともと立花家には、キリシタン大名で知られる大友家の血が流れており、その家紋は「祇園守《ぎおんまもり》」という。太い十字の後ろに模様が付くもので、京都の祇園神社が配るお守りと同じ模様である。

立花家が家紋を祇園守に変えた理由は定かではないが、太郎稲荷と関係があるらしい。豊臣秀吉の朝鮮出兵のときに、石田三成の讒言《ざんげん》で立花家は秀吉の勘気にふれた。秀吉に対してよほど腹を立てたようで、立花は本国に帰国せずに江戸の浅草観音の前に移住してしまった。それで後々まで立花家は浅草に屋敷を持つのだが、すぐ南にフランシスコ会のロザリオ聖堂が建つことになる。

さて、浅草に移住した立花家当主は、関ヶ原の戦いで西軍に参加したため、所領を没収されて、鬱々たる日々を送っていた。ある夜、白髪の老人が白木の三方にのせた祇園守を差し出す夢を見た。この老人こそ太郎稲荷で、その夢の翌日、徳川家康から召し状が届き、本領を安堵《あんど》された。家康に取り立てられたのである。これを徳として太郎稲荷を祀ったと伝承されている。

となれば祇園守の家紋も、その頃だろう。当時はキリシタン隆盛の時代だから、祇園守は十字架の変形と考えられる。

この太郎稲荷を浅草の中屋敷で一般に公開したのは享和《きょうわ》三年（一八〇三）である。おりしも麻疹《はしか》の流行の時期で、ドッと江戸っ子が中屋敷に雪崩《なだれ》込んだ。

老若男女が群集して中屋敷前に列をなす混雑ぶりなので、立花家は屋敷神の公開の日を限定した。毎月一日、十五日、二十八日のみ開門と決めたが、その日になるや、中屋敷の通りには茶店が軒を並べ、奉納物は山のごとくになった。

ところが、太郎稲荷の流行は、わずか一年か二年で終わってしまった――そう江戸の年代記『武江《ぶこう》年表』は伝える。「麻疹の流行が終わったから」といってしまえばそれまでだが、太郎稲荷が祇園守の御札を参詣者に配ったことも関係したかもしれない。

寺社奉行にすれば、「祇園守の札」は穏やかではないからである。実際、隠れキリシタンは祇園守を十字架がわりに携帯することが多い。享和三年に公開したということは、それ以前から参拝に訪れる隠れキリシタンの侍や縁者が多かったに違いない。

天神様が牛の背に乗る意味

天神様こと天満宮もキリシタンと古くからゆかりがある。

京の北野天満宮は、教会やだいうす町と接していたせいか、長くキリシタンに親しい神社だった。豊臣秀吉は北野で大茶会を開いたが、それにことよせて隠れキリシタンは北野天満宮で茶会を開いた。すでに茶会の持つ意味は語ったが、京では隠れキリシタンの日曜日の礼拝でもあった。

よく知られるように北野天満宮は、太宰府に左遷された菅原道真公の怨霊を鎮めるために、政敵だった藤原《ふじわら》氏が平安京の北野に祀ったものである。つまり、あまり江戸とは関係がない。そして一般的には、江戸や各地に天満宮がある理由は次のように説明される。

「菅原道真公は、左遷されたまま没したので怨霊（天神）となり、かつての政敵を雷で打って仇《あだ》を討った。それから菅原道真を天神として、雷雨をもたらす『雨乞い』の神様として崇拝するようになった」

それで全国各地に天神様があり、地名にもなっている。もとより、すべてが隠れキリシタンに由来するとはいわないが、多くは隠れキリシタンが関係している。

江戸で知られる湯島《ゆしま》天神社（現・湯島天神、東京都文京区湯島三丁目）や、平河《ひらかわ》天神（現

・平河天満宮、東京都千代田区平河町一丁目）には、太田道灌《おおたどうかん》についての伝承があり、記録も室町時代にまで遡《さかのぼ》るので、キリシタン以前にあったものである。

ところが亀戸天満宮となると事情は違う。正保三年（一六四六）、太宰府天満宮から有名な飛梅とともにやってきたとされている。といっても、梅が九州から江戸まで風に乗ってきたわけではなく、天満宮の神官、菅原善昇十八世の孫、大鳥居信佑が例の左遷された菅原道真公の霊示で、江戸に下って小さな祠《ほこら》を作ったのである。その頃の場所は本所の現在のＪＲ錦糸町《きんしちょう》駅付近らしい。三代将軍家光の時代のことだ。

その地に飛梅で彫った道真公の神像を勧請した。その十六年後に幕府が武家屋敷を置くから「どけ」といわれて、またも天神様は飛梅のごとく現在地（東京都江東区亀戸三丁目）に遷座した。あたり一帯は深川八郎右衛門以来、芦《あし》の繁った低地を埋め立て開墾した地である。かなりの開拓者が西国から入っていたと思われる。

そのため、隠れキリシタンも多かったはずである。

天満宮の御神体の天神様は、「天」を訓読みすると「アメ」とも読めるので、隠れキリシタンは天神様を「アーメンの神様」と読んで礼拝した。

そもそも、京の北野天満宮からして、そうである。

昭和初期に活躍した研究者、三田元鍾の『切支丹伝承』によると、北野天満宮の天神像は、背中に十字架が彫られているそうである。それが江戸時代になると渡島《ととう》天神と称して、天神様が牛に乗って唐（外国）から渡って来る姿の御神体が大坂を中心に作られた。この姿は「牛で出る天神様」なので、「出牛天神」と解《かい》し「出牛（デウス＝神）アーメンの神」として礼拝した。「デウスの神」と読めるからである。

おそらく北野天満宮も、それを承知で渡島天神にしたにちがいない。もちろん、寺社奉行は疑いを持ち、取り調べに入っただろうが、表向きは神社には御神体の像などない。あったとしても、

「見ると目が潰れる」

などといい返されるので、それらしきものを発見できない。仮に検分しても、渡島天神（出牛天神）は、天神様が牛に乗っている姿だけで、外見からは何も分からない。ただし、牛の背中に刺さる天神様（菅原道真像）を引き抜くと、牛の背中にポッカリ開いた穴の底に十字（クルス）の模様が刻まれている。

江戸の牛天神《うしてんじん》（文京区）の場合は、牛の石像を置いた。手で撫でれば「なデウシ」であり、「汝《なんじ》デウス」に通じる。これは牛天神に限らない。もとより「出牛天神」（渡島天神）のように牛がともなわなくても、江戸時代の天神社は隠れキリシタンの祈りの場であった場合が多い。とくに堂でも造れば、天神様に仮託した天（アーメン）の神様への礼拝堂とするこ

とができたのだ。

明治維新でさらなる弾圧を

さて、ここまで子安観音や稲荷、そして鬼子母神と隠れキリシタンの意外な関係について触れてきた。本書も残りあとわずかだ。そこで、最後に明治以降のキリシタンたちについて、わずかながら触れたいと思う。

横浜が開港したのは、幕末の安政《あんせい》六年（一八五九）だが、三年後には異人屋敷を含む居留地の地図が発行されている。宣教師たちも横浜を始め、長崎、函館《はこだて》などの開港場に現れて、当初は宣教師の家でミサを挙げていたが、間もなく教会も作られた。

それより早く、長崎では慶応元年（一八六五）フランス人宣教師プチジャンによって大浦《おおうら》天主堂《てんしゅどう》が建立された。そこを隠れキリシタンの女性たちが訪れたのがきっかけとなり、三千三百九十四名もの隠れキリシタンが長い沈黙を破って信仰表明をし、長崎奉行所と幕府を驚かせた。

いまやキリシタンであることを表明した三千三百九十四名は、幕府の寺請《てらうけ》制度を拒否し、仏教ではなく自らの宗教での葬儀を主張した。

長崎奉行所は全員を捕縛し投獄したが、その間に幕府が瓦解して明治新政府となった。新政府は明治二年（一八六九）、浦上村《うらかみむら》一村千五百名の信徒を西日本の各地への流罪として、厳しい拷問で転宗を迫った。

これは諸外国公使を激昂させて、猛烈な抗議を受けることとなる。そして、新政府は明治六年（一八七三）「切支丹禁制」の高札を撤去させ、配流されていた信者を帰させた。それでも、六百六十二名が拷問と劣悪な環境により帰らぬ人となった。これが「浦上四番崩《よばんくず》れ」と呼ばれる弾圧事件である。

さて、江戸ではどうか。幕末の江戸は物情騒然としていたが、むしろ明治維新後、キリシタンへの締めつけは厳しくなった。太政官《だじょうかん》のなかに切支丹諜者を置き、教会に潜入させて宣教師とその周辺の人物を調べさせた。

今日、切支丹諜者で知られているのは、東京女子師範学校付属幼稚園初代校長の関某のほか、豊田某、正木某（あえて名は記さない）がいる。横浜海岸教会でバラ牧師から洗礼を受けた正木某は、クリスチャン桃江正吉《ももえしょうきち》と名乗り、教会の礼拝に通い次のような報告書を書いた。

「学校の生徒を始め、婦女子、商人、職人、日雇いなどにいたるまで、一度この屋敷（教会）に入った者には、聖句の一句でも教えなければ帰さないという意気ごみである。バラが邪弁で一度説教すると十人のうち八、九人は信じる様子が見える。さらにキリスト教のために心身の労を厭《いと》わず力を尽くす様子には、敵ながら感じ入るほどだ。このような勢いでは、日ならずして（キリスト教の）邪毒が日本全国中に充満して、民心がキリスト教に奪われることを恐れる」

以上は明治五年（一八七二）二月三十日（旧暦）の夜の会での報告である。また、東京での集会を正木は歯がみしながらこう記している。

「（キリスト教に）沈溺《ちんでき》のていなる数人の学生は、断然皇国の非を掲げ、政府を罵《ののし》り、公然この宗（キリスト教）を許さないのを恨んで、種々の悪言を吐く。忍んで聞くも、ほとんど断腸の思いあり」

燎原《りょうげん》の火のごとくキリスト教は、旧江戸で燃え上がったようだ。また大垣《おおがき》藩主の庶子、戸《と》田欣堂《だきんどう》など旧佐幕派や幕臣の多くが、さらには元江戸南町奉行所与力の原胤昭たちや、医師や学者などが殺到するようにキリスト教徒となった。後のハワイ真珠湾攻撃で知られる連合艦隊司令長官山本五十六《やまもといそろく》に至るまで、明治生まれの優れた文化人、技術者の多くがクリスチャンに転じた。

また明治、大正における社会、文化、技術、医療、福祉界の著名な人物を調べると、その多くがクリスチャンであることに驚かされる。

幕末の志士が転宗した理由

江戸時代の隠れキリシタンは、上州の沼田、高崎《たかさき》、前橋《まえばし》、鬼石《おにし》、下野《しもつけ》（栃木）の壬生《みぶ》、渡良瀬《わたらせ》、北武蔵（埼玉県）原、常陸（茨木）の水戸、土浦、麻生《あそう》、宍戸、古河と広く分布していた。これは徳川初期のみならず、その後も延々と開発が続き、多くの隠れキリシタンが西国から集まったからである。

とくに群馬県は新島襄《にいじまじょう》（旧安中《あんなか》藩・同志社大学設立者）、内村鑑三《うちむらかんぞう》（旧高崎藩・第一高等学校教授）を筆頭として、東京、大坂、神奈川、兵庫の開港場に次いで、全国第五位の信者数を誇った。あたかも隠れキリシタンが仮面を脱いだかのようである。群馬のクリスチャンは廃娼運動と非戦論が特徴であり、政府の発禁と戦いながら日露戦争に反対し、昭和の軍部を恐れることなく非戦を訴えた牧師の住谷天来《すみやてんらい》などの希有な人物もいた。

明治六年（一八七三）に信教の自由を認められると、翌七年、栃木県玉生村《たまにゅう》の素封家、玉生玉三郎《たまさぶろう》は周囲の反対を押し切って、十二歳と十歳になる娘を連れて横浜のミッション・スクール共立学園を訪れた。まだ鉄道のない時代である。その熱心さに驚かされる。

それも預ける先の共立学園は、言葉の通じぬ米国婦人たちの経営だ。それでも自ら出向いて娘を預けた玉三郎の女子教育への熱意、キリスト教徒への厚い信頼は、江戸の隠れキリシタンの多かった栃木県の風土が生み出したものに違いない。

北海道では、幕末からロシア正教に入信者が出ている。ロシア正教の宣教師ニコライ・カサートキンが来日すると、医者などが入信。その風潮を見た攘夷《じょうい》の志士にして神官の沢辺《さわべ》琢《たく》磨《ま》は、函館でニコライを斬るべく、こう言い放った。

「三百年前、切支丹の妖僧、我が国に来たり。口に仁義を唱えて愚民を籠絡し、陰に欧州政治家の走狗《そうく》となり、我が国を併合しようとした。ゆえに政府（幕府）は、これを国外に放逐《ほうちく》して、鎖国の厳禁を発するに至った。いま汝《なんじ》も同類で、わが国を奪わんとして来たのだろう」

この認識の構図は、さしていまも変わりはない。ところがニコライから外国の事情などを聞き、宗教の何たるかを語られるうちに、いつしか悟るところがあり、今度は熱烈なるロシア正教徒に転じた。ニコライが一時帰国するときは、後事を沢辺琢磨に託するまでになったのである。

このロシア正教のことを聞いた仙台藩士八人が家財を売り払って、函館の沢辺琢磨のもとへやって来た。仙台藩の隠れキリシタンの武士だろう。そこで沢辺は八人を養うことになったのだが、ニコライはいないし養う金もない。すると沢辺はいったものだ。

「いまは大切なる時期なれば、予はいかにしても足下《そっか》等を養うべし。予は妻を売りて、公等《きみ》の滞留の資《し》に供《きよう》し、公らを憂えさせることはない」

正義のためには妻子を犠牲にするのが志士と信じているので、「妻を売り飛ばす」ことを大義の手段ぐらいにしか沢辺琢磨は考えていない。さすがに仙台藩の八人は度肝を抜かれて、沢辺に厚く謝すると仙台に帰っていった。

この沢辺琢磨は元の名を山本数馬《やまもとかずま》という。坂本龍馬《さかもとりようま》の従兄弟で、武市瑞山《たけちずいざん》に学んだ土佐勤皇党の大物である。江戸で暴れて北海道に逃げていたが、後にロシア正教を代表する人物となる。

坂本龍馬の家督を継いだ甥の坂本直《なお》、土佐勤王党の武市《たけち》瑞山《ずいざん》の嫡子《ちやくし》も、クリスチャンとなった。龍馬の甥に洗礼を授けた吉岡弘毅《よしおかひろき》牧師も、天誅組蜂起《てんちゆうぐみほうき》、倉敷陣屋襲撃などをした幕末の志士である。これらの事実もあまり知られていない。

明治の藩閥政治に徹底的に抵抗した「万朝報《よろずちようほう》」の黒岩涙香《くろいわるいこう》、足尾鉱毒事件の田中正造《たなかしようぞう》の遺品も『聖書』である。特筆すべきは、世界で初めて心理状態と免疫力の関係を「ネイチャー」に発表した石上享《いしがみとおる》博士も明治のクリスチャンで、この論文が七十年後にアメリカで見直され、今日の精神神経免疫学の研究が始まるきっかけとなった。石上享博士は、元海軍軍医少将だが、市販の『日本海軍将官辞典』には掲載されていない。

前述の吉岡弘毅牧師も元外務小丞《しようじよう》で、初代韓国駐在公使代理として足かけ七年も韓国と

交渉し、一旦帰国すると、

「韓国は豊臣秀吉以来、日本の侵略に脅えているので開国しない。だから決して軍艦などで交渉に行ってはいけない。われわれも数年前まで攘夷を叫んでいたではないか。気持ちは分かる。時間をとってゆっくりと開国の交渉をすべき」

と政府に進言した。しかし当時の征韓派に意見を拒否された吉岡は、あっさり外務省を辞めるや国際法の一学生となり、やがてクリスチャンとなった。その偉大な平和主義者も歴史から抹消された。

明治政府は優秀な人物がクリスチャンと知ると厳しい処遇をした。江戸時代は隠れキリシタンを作り出したが、明治に始まる近代は、政府による「隠しクリスチャン」を生み出したのである。

日本人の良質な部分は、自分の文化になかった道徳・真理を発見すると、常にそれを真摯《しんし》に追い求めることにあった。その良質なキリシタンたちが、隠れキリシタンとして全国にちらばっていたことも、多くの日本人の歴史の視野から消えている。ひとたび、その事実に思いを馳《は》せて、江戸時代の路傍の石碑や寺院の無縁仏を拝すると、彼らの無念が刻み込まれているように思えるのである。

平成の世にも残る隠れキリシタン

平成の隠れキリシタンについて触れておこう。

群馬県には「ばてれん山」と「ばてれん橋」という地名があった。江戸時代の「ばてれん山」には隠れキリシタンの教会があったといわれる。すでに、ばてれん山は中学校の校舎となってしまったが、橋は「ばてれん大橋」の名で残っているらしい。利根川《とねがわ》と渡良瀬川に挟まれた低湿地で、場所は群馬県邑楽《おうら》郡邑楽町篠塚《しのづか》である。

さて、平成に発見された隠れキリシタンは、栃木県足利市と群馬県館林《たてばやし》市のあいだの旧家にあった。庭に先祖から伝わる屋敷神の祠がある。

普段は拝することもないが、毎年十二月二十五日には、朝、家族揃って屋敷神の前に並んで頭を下げて、扉を開ける。夜はお灯明《とうみょう》を上げ、深夜零時頃に火を消して、再び頭を下げて扉を閉める。祠には三本の御幣《ごへい》が立ててあるので、当人たちも何かの神様ぐらいにしか思っていなかった。その儀式を見た川島恂二氏が当主に尋ねた。

「頭を下げるときに、手でこんなことをしていませんか？」

と十字を切って見せると、当主は意識していなかったが思い出して、

「あ、やってます！」

それで祠の扉を開いて見ると、キリストと聖母マリアを祀る礼拝所であることが判明した。明治初年までは隠れキリシタンだったが、すでに仏教徒となって久しく、クリスマスの行事であることを忘れていたのである。この足利、館林、古河を結ぶ一帯には、隠れキリシタンが多かったが、すでに忘れられて単なる家の行事と化していた。

理由は江戸時代の隠れキリシタンが、長男のみに信仰を伝えたことにある。それでもポルトガルから伝来した時の古い言葉が残っている。この地では明治・大正になってもクリスマスは「オナダラ様」と呼ばれて、ナダレの祭の古語を残す。一族が会同する日は「オリゴリ」と呼ばれ、英語の「オリジン（起源）」に通じるラテン語の「祖先祭」を指す。

行事の意味は忘れられているが、オナダラ様の日、オリゴリの行事は平成の時代まで続いていた。それが隠れキリシタンの行事であることを発見したのは、茨城県古河市の地方史家の川島恂二氏と古河の隠れキリシタン研究会の皆さんである。川島恂二氏が千七百四十二ページの大著『関東平野の隠れキリシタン』を刊行されたのは七十八歳のときである。

隠れキリシタンの研究は、在野の「隠れキリシタン研究会」の人々によって精力的に行われて、江戸時代像のなかに隠れキリシタンの姿を復活させようとしている。

このささやかな書もまた川島恂二先生の大著で激励され、大いに参考にさせていただいたことを記して筆を置くこととしよう。

主要参考文献

『イエズス会士日本通信（上・下）』　村上直次郎訳　柳谷武夫編　雄松堂書店　一九六八年
『イエズス会日本年報（上・下）』　村上直次郎訳、柳谷武夫編　雄松堂書店　一九六九年
『新異国叢書　セーリス日本渡航記／ヴィルマン日本滞在記』　村川堅固、尾崎義訳　岩生成一校訂　雄松堂書店　一九七〇年
『新異国叢書　エルギン卿遣日使節録』　岡田章雄訳　雄松堂書店　一九六八年
『大航海時代叢書　第九・一〇』　ジョアン・ロドリーゲス　江馬務、佐野泰彦、土井忠生、浜口乃二雄、藪内清訳　岩波書店　一九六七、一九七〇年
『大航海時代叢書　第一一』　アビラ・ヒロン、ルイス・フロイス　岩生成一、岡田章雄訳　岩波書店　一九六五年
『日本キリシタン史の研究』　五野井隆史　吉川弘文館　二〇〇二年
『切支丹伝承』　三田元鍾　山田野理夫編　宝文館出版　一九七五年

『切支丹灯籠の研究』　松田重雄　同信社　一九六九年
『修験道とキリシタン』　根井浄　東京堂出版　一九八八年
『改訂・切支丹宗門の迫害と潜伏』　姉崎正治　養徳社　一九四九年
『切支丹禁制の終末』　姉崎正治　同文館　一九二六年
『日本キリシタン史』　海老沢有道　塙選書　一九六六年
『横浜バンド史話』　太田愛人、高谷道男　築地書館　一九八一年
『明治キリスト教の流域　静岡バンドと幕臣たち』　太田愛人　築地書館　一九七九年
『開化の築地・民権の銀座　築地バンドの人びと』　太田愛人　築地書館　一九八九年
『謎の石仏　作仏聖の足跡』　宮島潤子　角川書店　一九九三年
『関東郡代』　本間清利　埼玉新聞社　一九七七年
『ヨーロッパに消えたサムライたち』　太田尚樹　角川書店　一九九九年
『切支丹屋敷物語』　窪田明治　雄山閣出版　一九七〇年
『ニコライ堂の女性たち』中村健之介、中村悦子　教文館　二〇〇三年
『横浜共立学園１２０年の歩み』　横浜共立学園１２０年の歩み編集委員会編　横浜共立学園　一九九一年
『葬式と檀家』　圭室文雄　吉川弘文館　一九九九年

『隠れキリシタン』　古野清人　至文堂　一九五九年
『物語日本の土木史　大地を築いた男たち』　長尾義三　鹿島出版会　一九八五年
『中江藤樹』　山住正巳　朝日新聞社　一九七七年
『茶道と十字架』　増淵宗一　角川書店　一九九六年
『日本キリシタン殉教史』　片岡弥吉　時事通信社　一九七九年
『さむらいウィリアム　三浦按針の生きた時代』　ジャイルズ・ミルトン　築地誠子訳　原書房　二〇〇五年
『キリシタンの世紀』　高瀬弘一郎　岩波書店　一九九三年
『隠れユダヤ教徒と隠れキリシタン』　小岸昭　人文書院　二〇〇二年

古川愛哲

1949年、神奈川県に生まれる。日本大学芸術学部映画学科で映画理論を専攻。放送作家を経て、雑学家となる。「万年書生」と称し、東西の歴史や民俗学をはじめとする人文科学から、生理学、科学技術史まで、幅広い好奇心を持ちながら、「人間とは何か」を追求し続ける。また、世界の映画大学ともいえる「国際学生映画祭」の創設に加わり、新しい視点から芸術をバックアップしている。

著書には『歴史クイズ式　この地名の漢字が読めますか』(講談社＋α文庫)、『江戸の歴史は大正時代にねじ曲げられた』『九代将軍は女だった!』(以上、講談社＋α新書)などがある。

講談社＋α《プラスアルファ》新書　**381-3 C**

江戸《えど》の歴史《れきし》は隠《かく》れキリシタンによって作《つく》られた

古川愛哲《ふるかわあいてつ》

2009年9月20日第1刷発行

発行者――――**鈴木 哲**
発行所――――**株式会社 講談社**
東京都文京区音羽2-12-21 〒112-8001
電話 出版部(03)5395-3528
販売部(03)5395-5817
業務部(03)5395-3615
装画――――**朝日メディアインターナショナル株式会社**
デザイン――――**鈴木成一デザイン室**
カバー印刷――――**共同印刷株式会社**
印刷――――**慶昌堂印刷株式会社**
製本――――**株式会社大進堂**

落丁本・乱丁本は購入書店名を明記のうえ、小社業務部あてにお送りください。

送料は小社負担にてお取り替えします。

なお、この本の内容についてのお問い合わせは生活文化局Aあてにお願いいたします。

Printed in Japan ISBN978-4-06-272602-3　定価はカバーに表示してあります。